PARA CONHECER
Semântica

COLEÇÃO

PARA CONHECER

Aquisição da Linguagem
Elaine Grolla e Maria Cristina Figueiredo Silva

Fonética e Fonologia do Português Brasileiro
Izabel Christine Seara, Vanessa Gonzaga Nunes e Cristiane Lazzarotto-Volcão

Linguística Computacional
Marcelo Ferreira e Marcos Lopes

Morfologia
Maria Cristina Figueiredo Silva e Alessandro Boechat de Medeiros

Norma Linguística
Carlos Alberto Faraco e Ana Maria Zilles

Pragmática
Luisandro Mendes de Souza e Luiz Arthur Pagani

Semântica
Ana Quadros Gomes e Luciana Sanchez Mendes

Sintaxe
Eduardo Kenedy e Gabriel de Ávila Othero

Sociolinguística
Izete Lehmkuhl Coelho, Edair Maria Görski, Christiane Maria N. de Souza e Guilherme Henrique May

Coordenadores da coleção
Renato Miguel Basso
Izete Lehmkuhl Coelho

Proibida a reprodução total ou parcial em qualquer mídia
sem a autorização escrita da editora.
Os infratores estão sujeitos às penas da lei.

A Editora não é responsável pelo conteúdo deste livro.
As Autoras conhecem os fatos narrados, pelos quais são responsáveis,
assim como se responsabilizam pelos juízos emitidos.

Consulte nosso catálogo completo e últimos lançamentos em **www.editoracontexto.com.br**.

Ana Quadros Gomes
Luciana Sanchez Mendes

PARA CONHECER
Semântica

Copyright © 2018 das Autoras

Todos os direitos desta edição reservados à
Editora Contexto (Editora Pinsky Ltda.)

Montagem de capa e diagramação
Gustavo S. Vilas Boas

Ilustrações
Caio Bars (Cajueiro Design – www.cajueiro.art.br)

Preparação de textos
Daniela Marini Iwamoto

Revisão
Lilian Aquino

Dados Internacionais de Catalogação na Publicação (CIP)

Gomes, Ana Quadros
Para conhecer semântica / Ana Quadros Gomes e Luciana
Sanchez Mendes. – 1.ed., 1ª reimpressão. –
São Paulo : Contexto, 2024.
208 p. : il. (Para conhecer)

Bibliografia
ISBN 978-85-520-0065-5

1. Língua portuguesa – Semântica 2. Linguística I. Título
II. Mendes, Luciana Sanchez

18-0896	CDD 469.5

Andreia de Almeida CRB-8/7889

Índices para catálogo sistemático:
1. Língua portuguesa : Semântica

2024

Editora Contexto
Diretor editorial: *Jaime Pinsky*

Rua Dr. José Elias, 520 – Alto da Lapa
05083-030 – São Paulo – SP
PABX: (11) 3832 5838
contato@editoracontexto.com.br
www.editoracontexto.com.br

SUMÁRIO

APRESENTAÇÃO 9

O ESTUDO DO SIGNIFICADO NO NÍVEL DA SENTENÇA........................13
    Objetivos gerais do capítulo...13
    Objetivos de cada seção..13
        1. O objeto da Semântica...14
        2. Anomalia, ambiguidade e interface sintaxe-semântica...........19
        3. Nexos lógicos...26
        4. Pressuposição..34
        5. Sentido e referência...40
        6. Predicação e composicionalidade..47
            6.1 Seleção semântica..52
        • Leituras complementares...53
        • Exercícios...53

O SINTAGMA NOMINAL..**57**

Objetivos gerais do capítulo..57

Objetivos de cada seção..57

1. Diversidade entre os sintagmas nominais argumentais....................58

2. Nominais nus..60

3. A semântica do plural...62

4. A distinção contável-massivo..67

   4.1 Novas categorias..75

5. Sintagmas de determinantes...79

   5.1 Quantificadores generalizados...82

   5.2 Quantificadores fortes e fracos...90

   5.3 In(definitude)...91

   5.4 Escopo de quantificadores..96

• Leituras complementares...98

• Exercícios...99

O SINTAGMA VERBAL...**101**

Objetivo geral do capítulo...101

Objetivos de cada seção...101

1. Seleção de argumentos..102

   1.1 Diátese e papéis temáticos..104

   1.2 Impessoalidade, verbos existenciais e composicionalidade.........110

   1.3 O argumento-evento..113

2. Tempo verbal..117

3. Aspecto verbal..122

   3.1 Aspecto gramatical (perfectividade/imperfectividade).................123

   3.2 Aspecto lexical (classes acionais)..127

4. Modo e modalidade 135
  4.1 Modalidade 135
  4.2 Modo 144

- Leituras complementares 149

- Exercícios 149

MODIFICAÇÃO 153

Objetivo geral do capítulo 153

Objetivos de cada seção 153

1. Adjetivos 154
  1.1 Posição predicativa e atributiva 158
  1.2 Adjetivos de grau e comparação implícita 168

2. Advérbios 175
  2.1 Advérbios de modo, tempo e lugar 176
  2.2 Intensificadores 177
  2.3 Advérbios de ato de fala 181
  2.4 Advérbios quantificadores: frequência e pluracionalidade ... 182
  2.5 Advérbios modais 186

- Leituras complementares 189

- Exercícios 189

CONSIDERAÇÕES FINAIS 193

BIBLIOGRAFIA 197

AS AUTORAS 205

APRESENTAÇÃO

Este livro é uma obra introdutória que coloca à disposição dos universitários brasileiros ferramentas básicas em Semântica Formal que lhes proporcionem uma abordagem fundamentada e bem motivada para acompanhar seus estudos de Linguística da língua portuguesa, com relação a fenômenos do significado.

A Semântica tem como objeto de estudo o significado. A Semântica Formal se dedica ao significado linguístico das línguas naturais. Ela se dedica a explicar como qualquer falante nativo produz sentenças com significado e compreende sentenças formadas na sua língua. Sendo uma ciência formal, essa Semântica busca explicações gerais e produz hipóteses que podem ser verificadas (e então confirmadas ou falseadas pelos dados). Assim, este livro busca estimular no seu leitor a curiosidade e o pensamento científicos, por meio da prática do exame de fenômenos linguísticos/gramaticais pelo método científico: identificação das hipóteses formuladas pela teoria, percepção de quais tipos de dados as refutariam e que outro conjunto de dados as confirmariam; medição do poder explanatório da teoria pelo exame imparcial e criterioso dos dados; seleção e verificação dos dados relevantes para o estudo de certo fenômeno etc. Esperamos oferecer, com este livro, a oportunidade de um primeiro enfrentamento, básico mas estimulante, das questões da investigação científica do significado.

Outro objetivo principal, não menos importante, é fomentar o conhecimento sobre o português do Brasil (PB) pelo viés semântico. O nível semântico de descrição linguística esteve tradicionalmente obliterado na escola, reduzido a um papel instrumental, de ferramenta, para o estudo dos demais níveis: o fonológico, o morfológico, o morfossintático, o sintático. Dos estudos de estrutura, a maioria dos universitários pula para os estudos de texto e discurso, sem dedicar um semestre ou um bimestre que seja ao estudo da semântica da sua língua. Apresentamos aqui uma descrição linguística abrangente, contemplando diversos traços distintivos do PB, do ponto de vista semântico. Esperamos conduzir o leitor a uma visão geral da semântica do português do Brasil, passando pela análise dos fenômenos mais marcantes. Desse ponto de vista, acreditamos que o livro possa nutrir o conhecimento linguístico até mesmo daqueles estudiosos do PB que não tenham considerado adotar a Semântica Formal como ferramenta investigativa. Os fenômenos descritos aqui são importantes para o conhecimento do PB, e carecem de tratamento linguístico, mesmo que em outras abordagens. Nossa aposta é na Semântica Formal, e esperamos que ela exerça sobre outros o fascínio que exerce sobre nós. Porém, isso não impede de valorizar todo e qualquer esforço teórico para uma boa descrição e análise da nossa língua, que ainda não está completamente descrita, sobretudo na área semântica. Buscamos zelosamente incorporar os estudos semânticos já realizados, esperando estimular a nova geração a fazer suas próprias descobertas.

A obra aborda os conceitos básicos da Semântica Formal e sua aplicação na descrição do português e está dividida em quatro capítulos. No capítulo intitulado "O estudo do significado no nível da sentença", apresentamos os conceitos básicos da Semântica Formal, delimitando sua concepção de significado e seu objeto de estudo. Os capítulos seguintes tratam especificamente da análise da língua portuguesa segundo o instrumental teórico da Semântica Formal. O capítulo "O sintagma nominal" discute as propriedades semânticas relacionadas ao sintagma nominal da língua portuguesa tais como (in)definitude, quantificação e contabilidade. Já o capítulo "O sintagma verbal" trata das contribuições semânticas da morfologia verbal da língua portuguesa, usualmente estudada mais do ponto de vista da forma do que do significado. Para isso, apresentamos noções semânticas tais como **tempo**, **aspecto** e **modo/modalidade**, explicitando de que forma são expressas em língua portuguesa. Por fim, o capítulo "Modificação" trata de duas classes de palavras com propriedades semelhantes, mas também particulares: os adjetivos e os advérbios. Chamamos a atenção para o fato de que, assim como os advérbios, os adjetivos também formam uma classe heterogênea. Mostramos no capítulo de que forma seu comportamento gramatical está associado a suas propriedades semânticas. Assim, tal como foi feito para os adjetivos, discutimos diferentes tipos de advérbios.

Esperamos que este livro desperte em você, leitor, o entusiasmo de se aventurar na área de investigação semântica da língua portuguesa. Que seja tão estimulante lê-lo quanto foi incentivador para nós elaborá-lo.

O ESTUDO DO SIGNIFICADO NO NÍVEL DA SENTENÇA

Objetivos gerais do capítulo:

- Apresentar as noções introdutórias básicas acerca do que é **significado**, contextualizando a Semântica Formal como estudo do significado no nível da sentença;
- Expor os conceitos básicos da Semântica Formal que são ferramentas fundamentais para a análise semântica: anomalia, ambiguidade, nexos lógicos, sentido e referência e saturação de predicado.

Objetivos de cada seção:

- *O objeto da semântica*: situaremos a Semântica como o estudo do significado linguístico; mais especificamente, trataremos da investigação da Semântica Formal no nível sentencial;
- *Anomalia, ambiguidade e interface sintaxe-semântica*: trataremos dos conceitos básicos situados na interface semântica, com o intuito de situar o estudo do significado no nível da sentença;
- *Nexos lógicos*: mostramos como uma teoria vericondicional permite desenvolver um raciocínio, fazendo da língua natural um meio para avançar no conhecimento lógico, no matemático e no científico;
- *Pressuposição*: além da importância do valor de verdade para a compreensão das sentenças, discutiremos esse outro componente de peso da competência semântica;
- *Sentido e referência*: apresentaremos esses dois conceitos básicos da Semântica Formal que são fundamentais para a análise do significado;
- *Predicação*: apontamos a ideia da composicionalidade para que se possa chegar a uma semântica da sentença a partir das peças de sua construção sintática.

1. O OBJETO DA SEMÂNTICA

A Semântica é, por definição, o estudo do significado. No entanto, essa afirmação não vai nos dizer muita coisa se não explorarmos mais cuidadosamente a noção de **significado**. Intuitivamente, todos temos uma noção do que seja **significado**. Quando perguntamos para alguém, por exemplo, qual é o significado de uma palavra, estamos indagando o que ela **quer dizer**. O estudo do significado procura explicar como a língua expressa esse **querer dizer** das estruturas linguísticas.

Dessa forma, o objeto de interesse da Semântica é, sobretudo, o estudo do significado linguístico, que pode ser entendido como a relação entre aspectos linguísticos e não linguísticos. Nesse sentido, a Semântica se afasta da Metafísica, que pode ser definida, *grosso modo*, como a investigação da realidade em sua totalidade.

Tradicionalmente, a Semântica foi considerada mais como um critério de análise que perpassa outros níveis de análise linguística do que propriamente um nível independente. Assim, na Fonologia, por exemplo, o critério utilizado para a detecção dos fonemas de uma língua é um critério semântico. O que diferencia um par mínimo do tipo *[p]ata* e *[b]ata* por um lado – que indica que *[p]* e *[b]* são fonemas em português – de um conjunto do tipo *[t]ia* e *[tʃ]ia* – que indica que *[t]* e *[tʃ]* são variantes do mesmo fonema – é o significado. Ou seja, *[p]ata* e *[b]ata* têm significados diferentes, enquanto *[t]ia* e *[tʃ]ia* significam o mesmo.

Da mesma forma, na Morfologia, o critério semântico é utilizado na própria definição de *morfema* como unidade mínima constituída de significado. Por exemplo, na palavra *meninos*, sabemos que o {-s} é um morfema porque ele marca a diferença entre plural e singular em português. Já nas palavras *pires* e *país* sabemos que o *-s* na posição final não é um morfema, mas apenas um fonema, justamente porque ele não marca nenhuma distinção semântica nesses casos. Nos estudos do estruturalismo, tradicionais na Morfologia, a noção de significado é tão importante que caracteriza o próprio sistema linguístico como um sistema de oposições cujas unidades apresentam um valor em uma rede conceitual.

Nos estudos sintáticos, também são utilizados critérios semânticos para, por exemplo, entender e explicitar ambiguidades estruturais, ou seja, quando temos duas estruturas diferentes para a mesma sequência de palavras. Um exemplo clássico de sentença ambígua é uma frase como *Eu enviei uma foto de Paris para você* – o adjunto *de Paris* pode estar relacionado à foto (assim, houve uma foto de Paris enviada de algum lugar) ou ao evento de enviar (leitura em que uma foto – não se sabe mostrando quem ou o que – foi enviada de Paris).

Outro exemplo curioso de ambiguidade sintática surgiu nos comentários de uma página famosa da internet em que os leitores compartilham receitas e dúvidas. Uma dúvida bastante inesperada surgiu depois de um leitor ver o termo *um copo de requeijão de açúcar* na lista dos ingredientes. A pergunta foi: *Onde encontro esse requeijão de açúcar?* O que aconteceu foi que o leitor fez uma análise sintática pouco usual do sintagma. Em vez de considerar que se trata de um *copo de requeijão* que deve ser preenchido com açúcar, entendeu que deveria encher um copo com requeijão (feito) de açúcar, analisando o sintagma *de açúcar* como adjunto de *requeijão*.

Neste livro, em vez de usarmos o significado como instrumento, fazendo dele um critério distintivo a serviço de estudos em Fonologia, Morfologia e Sintaxe, vamos fazer dele o próprio objeto de estudo, procurando as fontes dos diferentes significados encontrados numa mesma expressão linguística e destrinchando fenômenos relacionados à construção de significados e à sua interpretação. Veremos que a Semântica pode ser considerada um nível de análise linguística, e assim nosso intuito é mostrar que é possível realizar uma análise semântica no nível da sentença, em conjugação com os estudos sintáticos. Dentro dessa perspectiva, a abordagem teórica que será apresentada é a da Semântica Formal.

A Semântica Formal é o estudo científico do significado que procura descrever o conhecimento semântico dos falantes de uma língua. Como se verá mais adiante, em seção específica sobre **composicionalidade**, as operações semânticas acompanham as combinações sintáticas. Nesse sentido, a unidade básica de análise da Semântica Formal é a sentença. Segundo essa perspectiva, o significado de uma sentença declarativa é definido como suas condições de verdade. Portanto, dizemos que a Semântica Formal adota uma abordagem verifuncional do significado.

A noção de verdade (que é uma noção filosófica) pode trazer, à primeira vista, uma aparente complexidade para a definição de significado segundo a abordagem formalista. No entanto, há um aspecto bastante intuitivo nessa proposta.

Podemos pensar que saber qual é o significado de uma palavra tal como *taperebá*, por exemplo, é saber separar no mundo o que é *taperebá* do que não é. Assim, o significado de uma palavra seria o que permite ao falante separar no mundo os itens aos quais essa palavra se refere daqueles aos quais ela não se refere. Da mesma forma, saber o significado de uma sentença é saber identificar cenários em que ela pode ser usada (cenários em que a sentença é verdadeira) de cenários em que não pode ser usada (cenários em que a sentença é falsa). Logo, vemos que a noção de condições de verdade trata do significado de sentenças de uma forma bastante acessível.

Por exemplo, se você é falante nativo de português, você sabe o significado da sentença *Tem um pássaro no telhado*. Logo, você é capaz de separar os cenários em que essa sentença é verdadeira dos cenários em que não é. Simples, não?

Apesar de sua patente simplicidade, a noção de verdade apresenta também boa robustez teórica. Ela é baseada na concepção semântica da verdade de Tarski (1944). Esse autor vai muito além da Teoria da Correspondência da Verdade, que via a verdade de uma sentença simplesmente como a sua concordância com a realidade. A

> Alfred Tarski foi um lógico, filósofo e matemático polonês que emigrou para os Estados Unidos em 1939.
> Foi professor da Universidade da Califórnia em Berkeley e tem inúmeras publicações na área da Lógica e da Matemática.

proposta de Tarski é neutra em relação à concepção da realidade (nisso, se afasta da Metafísica, exatamente como gostaríamos) e constitui uma definição materialmente adequada e formalmente correta da noção de verdade.

A proposta de Tarski é baseada na divisão da linguagem em dois níveis: a língua-objeto e a metalinguagem. A língua-objeto é aquela que está sendo investigada, ou seja, é a língua em estudo. A metalinguagem, por sua vez, é um nível destacado utilizado para se falar da língua-objeto. O esquema T (de Tarski ou de *true*, 'verdade') esclarece qual é a relação entre essa divisão e a noção de verdade.

(1) Esquema T:
     X é verdadeira se, e somente se, **p**

O que o esquema acima mostra é que uma sentença **X**, da língua-objeto, tem suas condições de verdade formuladas em uma metalinguagem, apresentada em **p**. Note que, da forma como o esquema está proposto, não há nenhuma exigência em se considerar que a língua-objeto e a metalinguagem sejam formuladas em línguas/linguagens diferentes.

Dessa forma, a sentença (2), utilizada por Tarski, não apresenta um truísmo, ou seja, não é exatamente uma obviedade, embora o pareça à primeira vista. A parte entre aspas simples representa uma expressão retirada da língua-objeto, ou seja, caracteriza a sentença cujo significado queremos depreender. A parte que segue essa expressão é exatamente a formulação do significado linguístico por meio de uma metalinguagem. O que deixa a (falsa) sensação de que a formulação em (2) não informa nada é o fato de que tanto a língua-objeto quanto a metalinguagem estão em português.

(2) 'A neve é branca' é verdadeira se, e somente se, a neve é branca.

Com o intuito de apresentar o significado de forma mais transparente e explicitar relações formais universais, a Semântica Formal adota uma linguagem específica para a expressão das condições de verdade. Sua proposta é descrever o significado por meio de uma linguagem consistente e unívoca, sem as vicissitudes da língua natural. Dessa forma, essa abordagem adota uma metalinguagem lógico-matemática, levando-se em conta que linguagens lógicas são rigorosas e precisas, enquanto as expressões das línguas naturais são indeterminadas, vagas e ambíguas. Na próxima seção, você verá muitos exemplos de ambiguidade e, no capítulo "Modificação", verá que as noções de indeterminação e vagueza são muito importantes no tratamento, por exemplo, dos adjetivos das línguas naturais. É preciso deixar claro que, embora precisemos adotar uma linguagem lógico-matemática por conta da precisão e da falseabilidade, as propriedades de indeterminação, vagueza e ambiguidade não são defeitos das línguas naturais, como os lógicos costumavam pensar. Essas propriedades são entendidas hoje mais como riqueza do que como falhas.

Nesse sentido, a Semântica Formal se filia à Lógica e à Filosofia Analítica de pensadores como Russell e Frege, que consideram crucial o estudo das línguas naturais para a investigação do pensamento e de sua estruturação lógica.

> Russell e Frege são grandes nomes da Filosofia Analítica. Dentre suas propostas está a de que a matemática poderia ser reduzida a conceitos lógicos primitivos dos quais seria derivada.
> Na seção de leituras sugeridas, você encontra uma obra recomendada de cada um desses influentes autores.

No domínio dos estudos linguísticos, a Semântica Formal que vamos apresentar neste livro se vincula à Teoria Gerativa. Sua aproximação com esse modelo está, primeiramente, na concepção de que um estudo do significado deve ser capaz de apresentar um modelo de gramática que tente capturar a competência semântica que todo falante de uma língua tem. Além disso, a proposta da Semântica Formal para a análise do significado leva em conta a recursividade como propriedade básica da competência linguística. Assim como as regras de formação das sentenças para a Sintaxe Gerativa, também a regras de interpretação, para a Semântica Formal, são recursivas, como veremos na seção sobre composicionalidade.

2. ANOMALIA, AMBIGUIDADE E INTERFACE SINTAXE-SEMÂNTICA

Antes de começar a falar da análise semântica de sentenças, vamos apresentar duas noções importantes que dizem respeito à interface sintaxe-semântica. A primeira delas é a noção de **anomalia**. Vamos ilustrar essa noção com uma sentença bastante conhecida, que foi discutida por Chomsky (1957).

(3) #Ideias verdes incolores dormem furiosamente.

O que a sentença anterior pode ter de interessante? A primeira característica que salta aos olhos está no fato de que você provavelmente nunca ouviu esse enunciado antes (a menos que o tenha visto em um livro de Linguística – como dissemos, essa frase já se tornou famosa...). Nesse sentido, pode-se pensar que o que Chomsky queria mostrar era um exemplo da propriedade da criatividade da capacidade humana da linguagem, ou seja, a capacidade de formular sentenças inéditas, nunca ditas antes. No entanto, essa sentença de fato ilustra outra propriedade fundamental da gramática: a forma linguística pode ser separada de seu significado. A sentença (3) não expressa nenhum significado coerente (a menos que seja interpretada metaforicamente). Ideias não têm cor, coisas verdes não podem ser incolores, ideias não podem dormir, o ato de dormir não pode se dar furiosamente. Como se verá adiante, esse é um caso de violação da seleção semântica. No entanto, a sentença (3) se parece com uma sentença bem construída. O ponto que Chomsky queria defender é que o componente sintático da gramática das línguas naturais é independente do componente semântico. Ou seja, é possível explorar os potenciais de combinação de palavras e sintagmas de modo a construir uma sentença gramatical, porém sem conteúdo semântico algum.

> A anomalia semântica está sendo marcada com a cerquilha (#) antes da sentença.

A sentença (3) apresenta, portanto, um exemplo de anomalia semântica. Trata-se de uma sentença bem construída do ponto de vista sintático, mas que não apresenta valor semântico. Compare-a, por exemplo, com a sentença em (4a), que é agramatical porque é uma sen-

PARA CONHECER Semântica

tença impossível em português. Observe o contraste de (4a) com (4b), que é gramatical e interpretável.

> A agramaticalidade é marcada com o asterisco (*) antes da sentença.

(4) a. *Calma dormindo pequenas estão criançamente as brasileiras.
b. As crianças brasileiras pequenas estão dormindo calmamente.

Saber identificar sentenças agramaticais e anômalas é uma capacidade dos falantes de uma língua. Embora elas não façam parte do nosso dia a dia, na literatura, no entanto, essas propriedades são exploradas ao máximo pelos poetas. Manoel de Barros, por exemplo, é mestre em produzir sentenças anômalas. Observe a poesia no quadro e tente identificar a anomalia semântica nos seus versos. Há muitos versos anômalos nessa poesia. Nossos prediletos são *Ia o silêncio pela rua carregando um bêbado* e *Fotografei o sobre. Foi difícil fotografar o sobre*. Ora, o silêncio não pode carregar ninguém. Daí a carga poética de que um bêbado solitário só poderia ser carregado pelo silêncio. Fotografar uma preposição realmente parece algo difícil, mas nesse caso ela representa toda a perspectiva da relação apresentada entre a paisagem e a aldeia.

> Difícil fotografar o silêncio.
> Entretanto tentei. Eu conto:
> Madrugada, a minha aldeia
> estava morta.
> [...]
> Eram quase quatro da manhã.
> Ia o silêncio pela rua
> carregando um bêbado.
> Preparei minha máquina.
> O silêncio era um carregador?
> Estava carregando o bêbado.
> Fotografei esse carregador.
> Tive outras visões naquela
> madrugada.
> Preparei minha máquina de
> novo.
> Tinha um perfume de jasmim
> no beiral do sobrado.
> Fotografei o perfume.
> [...]
> Olhei uma paisagem velha
> a desabar sobre uma casa.
> Fotografei o sobre.
> Foi difícil fotografar o sobre.
> [...]
> A foto saiu legal.

Um caso bastante diferente é o da ambiguidade. Esse é um conceito bem mais divulgado e conhecido do que a anomalia. Você deve se lembrar de ter estudado essa noção em algum momento de sua vida escolar ou mesmo de ter ouvido falar em ambiguidade no seu dia a dia. Ouvimos falar de casos de mal-entendidos, por conta de ambiguidades, por exemplo. A ambiguidade pode ser definida, de forma geral, como a duplicidade (veja o prefixo *ambi*) de sentidos. Talvez o caso de ambiguidade mais saliente que exista nas línguas seja a ambiguidade lexical, isto é, quando uma palavra apresenta dois significados diferentes. Um exemplo que é sempre lembrado é o caso da palavra *manga*, que pode ser usada para designar uma fruta ou uma parte de uma camisa.

Quando temos um caso de ambiguidade lexical em que os diferentes significados da palavra não têm nenhuma relação entre si, estamos diante de um caso de homonímia. Isso quer dizer que os dois significados são expressos coincidentemente por palavras homófonas (que têm a mesma pronúncia). Nesse caso, podemos considerar que são duas palavras diferentes, *manga1* e *manga2*, que, coincidentemente, são expressas pela mesma sequência de sons.

Já quando temos um caso em que os diferentes significados da palavra estão relacionados, estamos diante de um caso de polissemia. Observe, por exemplo, o caso da palavra *rede*. Ela pode ser usada para falar de uma rede de pescar, de uma rede de amigos, de uma rede de computadores. No entanto, conseguimos resgatar um significado básico comum entre esses usos: o de entrelaçamento de algo. Você consegue perceber que nesse caso não parece que se trata de três palavras diferentes, mas de três usos diferentes da mesma palavra?

Essa intuição de que no caso de *manga* temos duas palavras e no caso de *rede* temos usos diferentes para a mesma palavra é capturada nos estudos de Lexicologia e Lexicografia, que lidam com a organização do léxico de uma língua. Um dos produtos desse tipo de investigação são os dicionários. Se você procurar a palavra *manga* no dicionário verá que ele apresenta entradas diferentes para cada uma das interpretações da palavra. Assim haverá *manga1* e *manga2* em linhas diferentes, uma embaixo da outra. Já no caso de *rede*, cada uma das acepções da palavra é apresentada em seguida, logo após única entrada da palavra.

Observe as ilustrações a seguir e veja mais casos de ambiguidade lexical.

PARA CONHECER Semântica

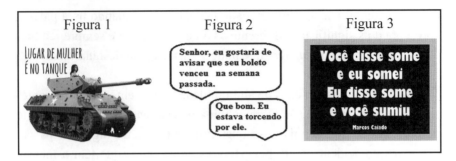

Na Figura 1, a palavra *tanque* é colocada num contexto diferente do usual, na sentença *Lugar de mulher é no tanque*, indicando que seu lugar deve ser mais no tanque de guerra do que no tanque de lavar roupas. Trata-se de um caso de homonímia. Na Figura 2, o cliente do banco se faz de desentendido e explora a ambiguidade do verbo *vencer*, utilizado pelo seu gerente no sentido de ter o prazo de pagamento esgotado, e, pelo cliente, no sentido de ganhar, sair vitorioso. Esse é um caso de polissemia, já que o sentido de prazo esgotado deriva do significado de expirar do verbo *vencer*, como em *A validade do produto já venceu*. Já na Figura 3, o poeta Marcos Caiado faz uma brincadeira com a palavra *some*, que pode ser tanto a conjugação do verbo *somar* quanto a do verbo *sumir*. Esse é mais um caso de homonímia, já que os significados não são associados.

A ambiguidade no domínio das palavras não é o único tipo de ambiguidade encontrada nas línguas naturais. Observe a sentença (5). Você consegue depreender dois sentidos diferentes para essa sentença? Se sim, você percebeu que o responsável pela duplicidade de sentido não é uma palavra com dois sentidos ou acepções, como *manga* ou *rede*?

(5) Terão desconto no evento todos os professores e pesquisadores inscritos.

Você deve ter percebido que a ambiguidade da sentença é devido à palavra *inscritos*. Mas não estamos diante de um caso de ambiguidade lexical, ou seja, *inscritos* não é uma palavra que pode ter dois significados. A ambiguidade é decorrente de diferentes formas de se aplicar essa palavra como modificador. A sentença pode querer dizer que terão descontos os professores e também os pesquisadores inscritos (nesse caso, *inscritos* só modifica *pesquisadores*); mas pode também expressar que terão descontos professores inscritos e pesquisadores inscritos (ou seja, *inscritos* modifica toda a conjunção *professores e pesquisadores*). Nesse caso, estamos diante de um caso de ambiguidade sintática: o que levou a sentença a ter mais de um significado foram as diferentes formas de organizar seus sintagmas.

Observe o diálogo ao lado, em que o interlocutor, se fazendo de desentendido, explora a ambiguidade sintática da sentença da vizinha. Ela reclamou que o cachorro fica correndo atrás das crianças que passam de bicicleta, e ele sugeriu que ela tenha descrito o cachorro correndo de bicicleta atrás das crianças. Trata-se, portanto, de um caso de ambiguidade sintática. Na sentença da vizinha, *de bicicleta* é um adjunto de *pessoas*, enquanto, na interpretação de Pedro, é um adjunto de *correr*.

> Oi, Pedro, tudo bem?
> É a Rosa, sua vizinha.
> Você poderia prender seu cachorro?
> Ele fica correndo atrás das pessoas de bicicleta.

> Mentira.
> Meu cachorro nem tem bicicleta.

Observe agora a sentença (6). Você consegue ver alguma ambiguidade nesta sentença?

(6) Maria não vai à academia duas vezes por semana.

Talvez você já tenha conseguido perceber que essa sentença pode ser usada em duas situações diferentes: (i) uma em que estamos negando que a quantidade de idas de Maria à academia seja igual a 2, ou seja, ela não vai duas vezes, mas pode ir mais ou menos; (ii) e uma em que existem dois dias na semana nos quais Maria não frequenta a academia; logo, entendemos que nos outros 5 dias ela estará lá.

A ambiguidade da sentença em (6) se deve à interação entre dois operadores: o operador de negação *não* e o operador de contagem de episódios *duas vezes por semana*. Veja que, na leitura (i), a negação se aplica sobre a quantidade de episódios, enquanto na leitura (ii) o operador de quantidade é considerado antes da aplicação da negação (tem dois dias na semana em que ela não vai). Essa interação entre os operadores é tratada na Linguística como uma relação de escopo. Na primeira leitura, dizemos que a negação

> Um *operador* é uma palavra ou expressão que se aplica a um sintagma e tem como resultado um sintagma mais complexo. Na lógica, os exemplos típicos de operadores são a negação e os quantificadores, que serão introduzidos no capítulo "O sintagma nominal".
>
> O *escopo* é entendido como o âmbito ou alcance de um operador. Na Aritmética, por exemplo, os operadores podem ser combinados considerando diferentes arranjos, que dizem respeito ao alcance de cada um dos operadores.
> Veja abaixo a diferença entre considerar que a multiplicação se aplica ao resultado da soma entre parênteses em (i) e a soma se aplicar ao resultado da multiplicação em (ii). Vemos claramente que a diferença no arranjo dos operadores gera resultados distintos.
> (i) $2 \times (3+1) = 8$
> (ii) $(2 \times 3) + 1 = 7$

tem escopo sobre a expressão de quantidade e, na segunda, que a expressão de quantidade tem escopo sobre a negação. A ambiguidade da sentença se deve, portanto, à diferença de escopo que esses operadores podem apresentar. Na leitura (i), o escopo segue a ordem da sentença, ou seja, a negação se aplica ao operador de quantidade seguindo a ordem em que são pronunciados na sentença. Já na leitura (ii), a relação entre os operadores se dá de forma contrária à apresentada na sentença; por isso, essa leitura apresenta aquilo que é chamado de escopo invertido.

Veja que, assim como na Aritmética, arranjos distintos dos operadores originam diferentes resultados. A leitura (i), em que a negação tem escopo sobre o operador de quantidade, descreve cenários diferentes do que os especificados pela leitura (ii). Vejamos algumas situações e façamos um teste para saber se os diferentes escopos podem ser capturados pelas leituras possíveis. Imagine uma situação em que Maria vai à academia somente às terças-feiras. Nesse caso, o arranjo da leitura (i) é verdadeiro, enquanto o da (ii) é falso. Se, em vez disso, Maria vai à academia invariavelmente de segunda a sexta, mas nunca aos sábados nem aos domingos, então, nesse cenário, tanto (i) quanto (ii) são leituras verdadeiras. Já um caso em que Maria vai à academia exclusivamente as terças e quintas não é descrito por nenhuma das leituras. Dessa forma, a sentença *Maria não vai à academia duas vezes por semana* é falsa nesse cenário, independentemente de sua leitura.

> A relação de escopo da sentença pode ser explicitada na sua forma lógica. Considerando uma versão simplificada da lógica e os seguintes símbolos: ~ para negação e **2x** para o operador de quantidade, temos:
> Leitura (i):
> ~ (2x) (Maria ir à academia)
> Leitura (ii):
> (2x) ~ (Maria ir à academia)

Sentenças que têm ambiguidade de escopo apresentam um tipo de ambiguidade que não é só lexical, nem só sintática. Trata-se de uma ambiguidade semântica que, como vimos, pode ser perfeitamente capturada e explicitada pelas formas lógicas atribuídas a cada uma das leituras – essa é uma das razões pelas quais é tão importante atribuirmos formas lógicas às sentenças e aos itens que as compõem: explicitar seu(s) significado(s).

Vimos que só é possível interpretar objetos bem formados do ponto de vista estrutural, isto é, expressões que respeitem as regras da língua natural. Vimos também que há diversas razões para encontrarmos mais de um significado em uma mesma expressão linguística. Não precisamos recear essa pujante riqueza: vamos conseguir manter os vários significados sob o nosso radar. Na próxima seção, conheceremos algumas ferramentas boas para rastrear significados novos a partir de outros já conhecidos.

3. NEXOS LÓGICOS

Como será que pensamento e linguagem estão relacionados? Poderíamos imaginar algum pensamento sem língua, em imagens, por exemplo: uma lembrança transformada em sonho, como num filme mudo. Mas, se quisermos compartilhar um pensamento complexo e elaborado com outra pessoa, teremos de apresentá-lo em forma de linguagem. Imagine ter de transmitir sem linguagem a noção de que a órbita da Terra é elíptica. Ou a de que o quadrado da hipotenusa é igual à soma dos quadrados dos catetos nos triângulos retângulos. Ou, ainda, a de que a digestão é um processo químico e mecânico de quebra das moléculas dos nutrientes, os quais se subdividem em lipídios, proteínas, carboidratos e ácidos nucleicos. Pois então! Não só a linguagem é fundamental para a transmissão de conhecimentos técnicos e científicos como também o conhecimento humano sobre a matemática, a geometria, a natureza, a física, a astronomia, a química etc. é construído por meio do raciocínio. Por meio do raciocínio, a humanidade dá um salto em conhecimento: liga causas a consequências, formula hipóteses e atinge conclusões sobre eventos e fatos que não precisa ter testemunhado. Raciocinando, podemos atingir um conhecimento muito além daquele propiciado pelo que vemos com nossos próprios olhos. O raciocínio nos liberta de ter que ver para saber. É a arte de tirar as melhores conclusões possíveis a partir do pouco que já sabemos.

Bem, e qual é o papel da língua nesses raciocínios? Aristóteles, no seu *Organon*, ocupa-se de como a linguagem participa da construção do raciocínio. Uma das formas do raciocínio é a **dedução**. Nas palavras dele, "uma dedução é uma fala (*logos*) na qual, partindo de suposições, chegamos às consequências lógicas de tais suposições" (apud Smith, 2018).

No método dedutivo, as conclusões são inescapáveis, ou seja, só valem se não puder haver resultado diferente, dado o que sabemos. O método dedutivo vai do mais geral para o mais particular. Por exemplo, considerando, de partida, que todo planeta tem corpo esférico, gira em torno do Sol e tem órbita livre; e considerando, em segundo lugar, que Plutão não tem órbita livre, temos de concluir que Plutão não é um planeta. Foi esse raciocínio que levou a União Astronômica Internacional (UAI), em 2006, a deixar de considerar Plutão o nono planeta do nosso sistema solar: estando dentro do Cinturão de Kuiper, uma região com vários objetos se interpondo em sua órbita, Plutão não atende à terceira condição para ser um planeta, a de ser senhor de sua órbita.

Exemplo de método dedutivo	
3 5 6 4 2 1 9 8 7 8 2 4 6 9 7 5 1 3 1 7 9 5 8 3 2 6 4 5 6 2 3 4 9 8 7 1 9 8 1 2 ▢ 6 4 3 5 4 3 7 8 1 5 6 9 2 7 9 8 1 5 2 3 4 6 2 1 3 9 6 4 7 5 8 6 4 5 7 3 8 1 2 9	*Pelas regras do Sodoku, você deduz qual é o número que completa o jogo:* *<u>Premissa 1</u>: dado que os números de 1 a 9 precisam aparecer uma só vez em cada linha, coluna e quadrado, sem se repetirem, e...* *<u>Premissa 2</u>: dado que a coluna contendo o quadrado vazio já tem os números 1, 2, 3, 4, 5, 6, 8 e 9...* *<u>Conclusão:</u> ...então o número que eu devo anotar no quadradinho não preenchido é o 7.*

O método indutivo, por sua vez, parte da observação de fatos particulares para generalizações; por esse raciocínio, após considerarmos um número suficiente de casos particulares, concluímos que uma característica comum a todos eles pode ser assumida como uma verdade mais geral. Por exemplo, após constatar que o sol se pôs no primeiro dia, no segundo, no outro, no subsequente, um observador vai concluir que o sol se põe diariamente. Seria totalmente inesperado se no dia seguinte não houvesse um pôr do sol, muito embora o fato de que houve um poente por dia até então não garanta que isso continue eternamente.

Mas o que nos faz aceitar uma suposição para a partir dela investigar suas consequências lógicas? Ou, em outras palavras: o que nos leva a tomar uma sentença como verdadeira? Uma sentença declarativa é uma proposição. Ela "propõe" certa relação entre um particular (dado elemento) e uma categoria (conjunto), ou entre duas categorias. Assim, a língua natural é apropriada ao raciocínio porque permite passar de particulares a categorias, e vice-versa, ou de categorias a categorias. Pode-se propor que um particular pertença a uma categoria, como em (7), que afirma que Machado de Assis é um dos elementos do conjunto dos cariocas. Pode-se propor que uma categoria é parte de outra, como em (8), que afirma que todos os cariocas são brasileiros, ou seja, que os cariocas são um subconjunto dos brasileiros.

(7) Machado é carioca.
    $m \in C$
    Machado = um particular
    é = relação de pertencimento
    carioca = categoria dos naturais do Rio
(8) Cariocas são brasileiros.
    $C \subset B$
    cariocas = categoria dos naturais do Rio
    são = inclusão
    brasileiros = categoria dos naturais do Brasil

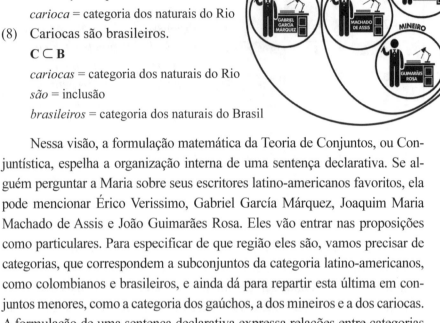

Nessa visão, a formulação matemática da Teoria de Conjuntos, ou Conjuntística, espelha a organização interna de uma sentença declarativa. Se alguém perguntar a Maria sobre seus escritores latino-americanos favoritos, ela pode mencionar Érico Verissimo, Gabriel García Márquez, Joaquim Maria Machado de Assis e João Guimarães Rosa. Eles vão entrar nas proposições como particulares. Para especificar de que região eles são, vamos precisar de categorias, que correspondem a subconjuntos da categoria latino-americanos, como colombianos e brasileiros, e ainda dá para repartir esta última em conjuntos menores, como a categoria dos gaúchos, a dos mineiros e a dos cariocas. A formulação de uma sentença declarativa expressa relações entre categorias e particulares que não valem só para uma única sentença, mas valerão para todas as que expressarem aquelas relações, por terem a mesma estrutura. Por exemplo, a inclusão de um particular numa categoria vale não só para (7), mas também para as proposições de (9a) a (9d). A inclusão de uma categoria em outra vale não só para (8), mas ainda para as proposições (9e) e (9f).

(9) a. Gabriel García Márquez é colombiano.
    b. Érico Verissimo é gaúcho.
    c. Guimarães Rosa é mineiro.
    d. Machado de Assis é brasileiro.
    e. Colombianos são latino-americanos.
    f. Mineiros são latino-americanos.

Se essa é a estrutura básica das proposições, podemos relacionar diversas delas num mesmo raciocínio. Sempre que um particular **x** pertencer a uma categoria **A**, e essa categoria estiver contida na categoria **B**, necessariamente o elemento do subconjunto **A** também será um elemento do superconjunto **B**. Essa fórmula pode ser expressa em termos de silogismo:

Premissa 1: Todo carioca é brasileiro.
Premissa 2: Machado é carioca.

Logo, Machado é brasileiro.

A conclusão é alcançada por raciocínio, ou seja, alguém que só tinha duas informações passa a ter uma terceira, nova. Um estrangeiro que nunca tenha ouvido falar em Machado de Assis, mas saiba que *carioca* é alguém natural de uma parte do Brasil (premissa 1), ao saber que Machado é carioca (premissa 2) vai deduzir uma coisa nova, que não sabia até então: que Machado é brasileiro. No silogismo anterior, podemos substituir as categorias da premissa 1 por quaisquer outras, desde que a primeira, que vem depois do **todo**, seja parte da segunda, que aparece depois de *é*. Na segunda premissa, qualquer elemento da categoria menor pode substituir *Machado*. E a conclusão sempre será válida. Por exemplo:

Premissa 1: Todo carioca é brasileiro.
Premissa 2: Euclides da Cunha é carioca.

Logo, Euclides da Cunha é brasileiro.

Também podemos estabelecer outras relações entre as categorias. Por exemplo, a premissa 1, a seguir, afirma que a primeira categoria mencionada não é um subconjunto da segunda categoria mencionada. A segunda premissa diz que um particular é um elemento do primeiro conjunto. Nessas condições, esse particular não pode pertencer ao outro conjunto, como bem diz a conclusão.

Premissa 1: Nenhum brasileiro é colombiano.
Premissa 2: Érico Verissimo é brasileiro.

Logo, Érico Verissimo não é colombiano.

Dadas as mesmas relações entre as categorias, qualquer silogismo dessa forma será válido. Veja outro exemplo:

Premissa 1: Nenhum colombiano é carioca.
Premissa 2: Gabriel García Márquez é colombiano.

Logo, Gabriel García Márquez não é carioca.

Outra conclusão que se impõe quando os mesmos particulares pertencem a duas categorias é a de que ambas têm uma parte em comum, a sua interseção. Assim, alguém que tenha apenas as informações das premissas vai aceitar a conclusão do próximo silogismo, sem precisar verificar nada:

Premissa 1: Machado de Assis e Érico Verissimo são latino-americanos.
Premissa 2: Machado de Assis e Érico Verissimo são escritores renomados.

Logo, alguns latino-americanos são escritores renomados.

É claro que, com base nas premissas que predicam sobre Machado e Verissimo, não podemos concluir nada sobre a totalidade dos latino-americanos. Pode ser que os demais naturais do continente sejam também escritores renomados. Mas pode ser que alguns tenham outras profissões. Como é só uma possibilidade, mas não uma necessidade, que os conterrâneos de Machado e Verissimo sejam escritores renomados, o silogismo a seguir é inválido:

Premissa 1: Machado de Assis e Érico Verissimo são latino-americanos.
Premissa 2: Machado de Assis e Érico Verissimo são escritores renomados.

Logo, todos os latino-americanos são escritores renomados. (INVÁLIDO!)

Só podemos avançar no raciocínio se a verdade das premissas necessariamente levar à conclusão enunciada. A relação estrutural entre as proposições que funcionam como premissa tem de garantir, sozinha, sem a ajuda de outras fontes de informações, a verdade da terceira. Quando for impossível – ou, embora possível, não obrigatório – assumir a verdade da terceira informação, estaremos diante de um falso silogismo. Entre a dupla de premissas e a conclusão de um silogismo válido há uma relação de consequência lógica ou acarretamento.

Nos silogismos, temos sempre três sentenças, mas essa relação pode ser válida entre duas sentenças quaisquer. Assim, podemos definir **acarretamento** como uma relação entre a verdade de duas sentenças, tal que, se a acarretadora for verdadeira, seja impossível que a acarretada não seja. Vejamos as sentenças em (10):

(10) a. Érico Verissimo é pai de Luis Fernando Verissimo.
b. Luis Fernando Verissimo é filho de Érico Verissimo.

A sentença (10a) acarreta a sentença (10b), pois a relação pai-filho é tal que, se x (Érico) for pai de y (de Luis Fernando), então não há possibilidade de y (Luis Fernando) não ser filho de x (Érico). E vice-versa: se tomarmos (10b) como verdadeira, teremos de considerar (10a) verdadeira também. Entre (10a) e (10b) temos o que se chama de duplo acarretamento ou acarretamento mútuo: tanto a primeira sentença acarreta a segunda quanto a segunda acarreta a primeira. Já não é essa mesma relação que se estabelece entre (11a) e (11b). A sentença (11a) não acarreta (11b), pois o fato de Érico ser pai de Luis Fernando não torna necessário que ele tenha uma filha.

(11) a. Érico Verissimo é pai de Luis Fernando Verissimo.
b. Érico Verissimo é pai de Clarissa Verissimo.

Dada a verdade de (11a), (11b) é possível (e de fato Luis Fernando tem uma irmã), mas não é necessário; portanto, (11a) não acarreta (11b). Dizemos que são compatíveis (podem ser verdadeiras ao mesmo tempo, mas não precisam ser).

Além de acarretamento e compatibilidade, há ainda a relação de contrariedade. Se tomamos (12a) como verdadeira, (12b) é necessariamente falsa, visto que ninguém pode ser filho de seu próprio filho, em nenhuma circunstância. Essa relação é a de contrariedade. Ela também funciona no sentido inverso: se partirmos de considerar (12b) como verdadeira, (12a) será necessariamente falsa.

(12) a. Érico Verissimo é pai de Luis Fernando Verissimo.
b. Érico Verissimo é filho de Luis Fernando Verissimo.

Uma das formas de se obter uma relação de contrariedade é negar uma sentença declarativa afirmativa. Tal como (12b), (13b) também tem com (13a) uma relação de contrariedade: sempre que (13a) for verdadeira, (13b) será necessariamente falsa. E vice-versa:

(13) a. Érico Verissimo é pai de Luis Fernando Verissimo.
b. Érico Verissimo não é pai de Luis Fernando Verissimo.

PARA CONHECER Semântica

A função semântica do operador de negação sentencial (o *não* do PB) é mudar o valor de verdade de uma sentença. Em todas as situações em que a declarativa afirmativa (13a) for verdadeira, a sua versão negativa (13b) será falsa, e vice-versa. Se for verdadeiro que *Hoje está chovendo*, então será necessariamente falso que *Hoje não está chovendo*. Por outro lado, se for falso que *Hoje está chovendo*, então será necessariamente verdadeiro que *Hoje não está chovendo*.

Estamos examinando o que o valor de verdade de certa sentença declarativa pode nos dizer sobre o de outra. Há casos em que o conhecimento do valor de verdade da primeira sentença não é suficiente para determinar o valor de verdade da segunda. Dizemos então que sua verdade é contingente. Vimos, por exemplo, que saber que Érico é pai de Luis Fernando não nos permite decidir se ele também é o pai de Clarissa. Só consultando as circunstâncias da vida do escritor saberemos se de fato Érico Verissimo tem uma filha chamada Clarissa. Mas há casos mais interessantes para o desenvolvimento de raciocínios, em que o conhecimento da verdade ou falsidade de uma sentença basta para estabelecer se outra é verdadeira ou falsa. Isso vale tanto para o acarretamento quanto para a contrariedade. Esses nexos sentenciais permitem avançarmos o raciocínio, liberando-nos da necessidade de parar para examinar as circunstâncias ou contingências.

Assumir que as sentenças são verdadeiras ou falsas representa um grande ganho, por permitir que se atinja o conhecimento de coisas que o conhecedor não testemunhou.

RESUMO: NEXOS ENTRE SENTENÇAS	
Acarretamento *ou **consequência lógica**:* A sentença A acarreta a B se, sempre que A for verdadeira, B necessariamente também for. Então B é uma consequência lógica de A.	***Contradição*** As sentenças A e B são contraditórias se, nas situações em que uma for verdadeira, a outra for necessariamente falsa.
Duplo acarretamento A sentença A acarreta a B e vice-versa; B é uma consequência lógica de A, assim como A é uma consequência lógica de B.	***Verdade contingente*** Se A e B podem ser verdadeiras numa mesma situação, mas também é possível que uma seja verdadeira e a outra falsa, a relação entre elas é de verdade contingente.

O estudo do significado no nível da sentença

O acarretamento vai do menos para o mais geral. Se *Maria comeu uma bala* for verdadeiro, então *Uma mulher comeu um doce* também será. Isso ocorre porque Maria pertence à categoria das mulheres, e a bala pertence à categoria dos doces. Na direção inversa, do mais geral para o mais particular, o acarretamento não funciona, porque a sentença *Uma mulher comeu um doce* pode ser verdadeira se Joana, e não Maria, fez isso; ou se o doce comido não foi uma bala, mas um brigadeiro. Quanto mais detalhes houver, mais particular fica uma cena ou acontecimento. O acarretamento vai do menos para o mais detalhado:

(14) a. Naquele delicioso percurso da Avenida Beira-Mar, toda ensopada de luz elétrica, outros automóveis de toldo arriado, outros carros, outras conduções corriam na mesma direção. (Como se Ouve a Missa do "Galo", João do Rio)

b. Naquele percurso da Avenida Beira-Mar, outros automóveis de toldo arriado corriam na mesma direção.

c. Na Avenida, outros automóveis corriam.

A sentença (14a) acarreta a (14b) e (14b) acarreta a (14c). Mas o inverso não acontece. A avenida de (14c) poderia não ser a Beira-Mar (o que é necessário para a verdade de (14b)). Os automóveis que corriam na avenida conforme (14c) poderiam não trazer a capota arriada e nem trafegar na mesma direção, o que faz das condições de verdade de (14c) menos restritas que as de (14b). Tampouco (14b) acarreta (14a), pois o percurso pode não ser delicioso, e a avenida poderia não estar toda ensopada de luz elétrica. Os exemplos mostram que o acarretamento vai do mais particular para o mais geral, ou do subconjunto para o superconjunto. Essa direção vale para a relação entre duas categorias: uma rosa é necessariamente uma flor, mas há muitas flores que não são rosas. E vale também para situações, cenas e acontecimentos: uma descrição com mais detalhes acarreta uma descrição menos detalhada da mesma cena, situação ou do mesmo acontecimento. Uma corrida lenta é necessariamente uma corrida, mas uma corrida qualquer não precisa ser lenta: pode ser rápida ou normal. O fato de termos de verificar a relações entre categorias para casos como *bala-doce* e o nível de detalhamento das cenas e situações em sentenças como as de (14a) a (14c) nos remete à diferenciação entre argumentos e predicados, que será examinada na seção "Proposição e composicionalidade". Mas, antes de chegarmos lá, vamos fazer uma parada durante o percurso para identificar mais uma fonte de significado linguístico: os gatilhos pressuposicionais.

33

PARA CONHECER Semântica

4. PRESSUPOSIÇÃO

Além de podermos relacionar os valores de verdade de duas ou mais sentenças, também é parte da nossa competência semântica apreender certos significados que não estão explicitados, mas são contribuições de determinadas expressões linguísticas ou estratégias de construção disponíveis na nossa língua, escolhidas para uso nessa proposição. Ao dizermos, por exemplo, que *Em 2015, o astrônomo Mike Brown descobriu o planeta anão Eris no cinturão de Kuiper*, a presença de *descobrir* na sentença nos faz saber que a humanidade não estava ciente da existência de Eris até então. O verbo *descobrir* traz nele a informação de que o fato, o lugar ou objeto expresso por seu complemento existe, mas sua existência era desconhecida anteriormente. Por exemplo, em *Dom Casmurro*, de Machado de Assis, o ciumento protagonista e narrador, que suspeita que sua mulher, Capitu, o tenha traído com o melhor amigo, Escobar, jamais afirmou: *Eu descobri a traição da minha esposa*. Essa afirmação só poderia ser feita caso a traição já existisse antes, sem que o traído soubesse dela. Mas até o fim do romance, Dom Casmurro mantém desconfianças alimentadas por indícios, sem comprovar a traição. O leitor pode entender que, embora o ciumento Dom Casmurro se torturasse com uma fantasia, Capitu era inocente. O uso de *descobrir* resultaria na dissipação das famosas dúvidas que sustentam a narrativa, porque estabeleceria que houve de fato a traição.

O substantivo *descoberta* também carrega esses dois sentidos em qualquer sentença que seja empregado. Por exemplo, se dissermos *A descoberta da penicilina em 1928 por Alexander Flemming inaugurou a era dos antibióticos*, estaremos nos comprometendo com duas ideias não expressas, mas indissociáveis, da expressão *descoberta*: (i) a de que antes de 1928 a penicilina já existia (certos fungos a secretavam), e (ii) a de que até então ninguém a empregava para combater agentes patológicos. Quando dizemos que *Ronald Hare não descobriu a penicilina*, estamos negando que ele seja o autor da descoberta, mas além disso estamos assumindo que, no período anterior à descoberta, a penicilina já existia (na natureza), mas era desconhecida (pela ciência).

As informações atreladas a uma expressão ou construção são chamadas de **pressuposições**, ou conteúdos pressuposicionais. Como eles são acionados por uma expressão linguística ou construção particular, chamada de **ga-**

34

O estudo do significado no nível da sentença

tilho da pressuposição (nos casos examinados, os gatilhos são *descobrir* e *descoberta*), sempre que o gatilho estiver presente na sentença, as pressuposições que ele dispara estarão disponíveis. Os conteúdos pressuposicionais são muito semelhantes a acarretamentos, mas enquanto os acarretamentos ou consequências lógicas dependem do valor de verdade da sentença acarretadora, as pressuposições sobrevivem à mudança de valor de verdade da sentença, pois são indissociáveis de seu gatilho. Um teste para distinguir pressuposições de acarretamento é suspender ou mudar o valor de verdade de uma sentença por meio de uma negação, pergunta ou condicional. Com isso, um acarretamento desaparece, mas uma pressuposição permanece. Digamos que nosso problema é decidir se (15b) nos coloca diante de uma pressuposição ou de um acarretamento. Sabemos que aceitar (15a) nos leva a aceitar (15b), mas por pressuposição ou acarretamento?

(15) a. Descobriram que o governante é corrupto.

    b. O governante já era corrupto antes da descoberta, mas ninguém sabia disso.

Bem, enquanto for assumida a verdade de (15a), teremos como consequência lógica (15b). Então temos acarretamento. Para verificar se (15b) é também pressuposição, temos de mexer com o valor de verdade de (15a). Para fazer isso, há alguns procedimentos. Podemos negar a sentença (15a), partindo do nosso conhecimento de que toda vez que (15a) for verdadeira, sua versão negativa (16a) será falsa e vice-versa. Podemos também mudar a declarativa em interrogativa, como (16b), pois uma pergunta não é falsa nem verdadeira, mas é um pedido de informação. Podemos ainda colocar essa proposição dentro de uma condicional, como seu antecedente, como em (16c), pois, se o consequente (a parte que vem depois de *então*) tem de ser verdade em decorrência da verdade do antecedente (o trecho entre *se* e *então*), o antecedente é uma suposição que propõe uma alternativa à realidade, descrevendo algo diferente do estado atual de coisas.

(16) a. Não descobriram que o governante é corrupto.

    b. Descobriram que o governante é corrupto?

    c. Se descobriram que o governante é corrupto, então os eleitores vão pedir sua cabeça.

PARA CONHECER Semântica

As sentenças em (16) não têm o mesmo valor de verdade que (15a), e assim mesmo em cada uma delas temos de assumir (15b). De (16a), entendemos que existe a corrupção desse governante, mas que isso ainda é segredo. Para podermos fazer a pergunta em (16b), sobre ter havido ou não a descoberta, temos de assumir que esse político é corrupto. E, ao formularmos a hipótese em (16c), estamos apresentando uma suposição para afirmarmos que, num cenário em que a descoberta acontecesse, os eleitores ficariam revoltados. A hipótese da descoberta só pode ser formulada caso se assuma que há algo por descobrir, ou seja, que existe a corrupção por parte desse governante. O fato de a mudança de valor de verdade não eliminar a ligação com (15b) mostra que esse é um conteúdo proposicional. Para verificarmos se *descobrir* é ou não o gatilho, retiramos essa expressão. A nova versão de (15a) é a seguinte:

(17) Suspeitaram que o governante é corrupto.

Com a troca de *descobrir* por *suspeitar*, não temos mais de assumir em (17) que o governante seja corrupto, o que era inevitável em (15a). A diferença de (15a) para (17) foi a supressão do gatilho, que eliminou o significado disparado por ele.

O conteúdo pressuposicional é visto como um conhecimento compartilhado entre o falante e seu(s) ouvinte(s). Como vimos, a pressuposição só é eliminada pela supressão do gatilho – ela resiste à negação da sentença, à transformação da declarativa em interrogativa etc. Por isso é muito difícil combater o conteúdo pressuposicional de algo dito pelo interlocutor. Quando os tabloides de fofoca publicaram que *Brad Pitt parou de beber após a separação de Angelina Jolie*, mesmo se o leitor nunca tivesse considerado a possibilidade de que Brad Pitt bebesse, ele iria entender pelos jornais que o ator tinha esse hábito. A simples negação da sentença é insuficiente para apagar o conteúdo pressuposto, exatamente porque ele não depende de valores de verdade, mas do gatilho, que continua presente, produzindo seus efeitos, em *Brad Pitt não parou de beber após a separação de Angelina Jolie*. Na versão afirmativa, os fofoqueiros afirmavam que o ator interrompeu o hábito de beber; na negativa, os fofoqueiros afirmam que o hábito não foi interrompido; mas, nos dois casos, o vício da bebida está associado ao ator. Para separá-lo

36

desse hábito, seria preciso rejeitar o conteúdo pressuposicional, dizendo *Como assim? Brad Pitt nunca bebeu!* Por ser tão resistente, a pressuposição é mais forte que o acarretamento. Reconhecer e empregar os gatilhos pressuposicionais é uma competência importante, que permite aos falantes do PB tanto escaparem de armadilhas quanto criarem argumentos mais difíceis de refutar.

Vamos ilustrar a força da pressuposição com outro caso interessante, ocorrido em 2015, após o programa de Jô Soares ir ao ar na madrugada de 12 para 13 de junho, tendo como entrevistada a então presidenta Dilma Rousseff. Jô passou a ser criticado nas redes sociais por dar espaço a essa figura política. Seus críticos fizeram circular na internet anúncios do seguinte teor: "Jô Soares morreu (vitimado por um golpe na sua credibilidade)". Internautas que não estavam a par da situação, ao lerem isso, acharam que o apresentador estivesse morto de verdade. Para desfazer o mal-entendido, foram publicadas notas com a sentença *Jô Soares não morreu*. O que nos importa nesse episódio é que tanto a sentença *Jô Soares morreu* quanto a sentença *Jô Soares não morreu*, que são contraditórias (se uma for verdadeira, a outra necessariamente será falsa), compartilham a mesma pressuposição, disparada pelo gatilho *morrer*: a de que Jô é um ser vivo (pois só quem tem vida pode perdê-la).

Há muitas famílias de gatilhos. Verbos aspectuais marcam o início (18), o meio (19) ou o fim (20) de um processo, pressupondo sua existência.

(18) a. Dom Casmurro *começou* a suspeitar que a mulher o traísse.

b. Dom Casmurro não suspeitava de Capitu até então.

(19) a. Capitu *continua* sendo fiel a Bentinho.

b. Capitu já era fiel a Bentinho antes.

(20) a. Dom Casmurro *parou* de confiar em Capitu.

b. Dom Casmurro confiou em Capitu por algum tempo.

Estruturas sintáticas, como a clivagem, também podem funcionar como gatilhos de pressuposição. As construções clivadas trazem uma informação "nova" do lado esquerdo do *que* (é o que está em discussão) e pressupõe (dão como verdade aceita) o que vem à sua direita.

A CLIVAGEM

É um arranjo sintático da sentença em que o material focado (a informação em discussão) é fronteado, ficando ensanduichado entre o verbo *ser* a conjunção *que*. Em seguida, vem o restante do material da sentença.

A clivagem é uma estrutura muito usada em sintaxe para identificar os constituintes sentenciais, pois só um constituinte completo pode ser ensanduichado:

(i) O João da Silva tem HIV positivo. (sentença regular)

(ii) *É da Silva que o João tem HIV positivo. (tentativa de clivagem de menos que um constituinte)

(iii) É o João da Silva que tem HIV positivo [e não o Pedro Silva]. (sentença clivada, com o constituinte com função de sujeito em (i) focado)

(iv) É HIV positivo que o João da Silva tem [e não gripe]. (sentença clivada, com o constituinte com função de complemento em (i) focado)

A diferença entre uma sentença regular como (i) e sua versão clivada (iii, iv) é que as clivadas só são licenciadas no discurso quando há desacordo ou dúvida sobre a informação em foco. Em (iii), está em discussão quem recebeu o diagnóstico, enquanto em (iv) se discute a doença. O material à direita da estrutura *ser* + foco + *que* é sempre pressuposto: em (iii), todos concordam que existe um doente de aids, mas discutem sua identidade; em (iv), todos concordam que João tem uma doença, mas estão em desacordo sobre qual seja.

O fato de o *que* dividir as clivadas entre material focado (esquerda) e pressuposto (à direita) faz com que essas construções sejam de interesse para a Semântica.

SAIU NOS JORNAIS...

Caso baseado em uma notícia verídica: Como parte de um checkup, João da Silva fez exames de HIV. O resultado do laboratório deu positivo. Todos disseram: (v) O João da Silva tem HIV positivo. = (i) Ele entrou em desespero, ficou deprimido, largou o emprego, e acabou abandonado pela esposa, que suspeitava que o contágio tivesse acontecido em relações extraconjugais. O tempo passou, a doença não progrediu, e seu médico requisitou novos exames. Ficou provado que ele nunca teve HIV. Nesse ponto, as pessoas diziam:

(vi) Não é o João da Silva que tem aids. Isso foi dito porque o exame mostrava que o dono da amostra coletada estava com a doença, mas tudo indicava que o dono dessa amostra não era o João, e sim outro paciente. A vítima processou o laboratório que fez o exame. A clínica foi condenada a pagar uma indenização no valor de R$ 20 mil.

Imaginando que todos os exames de HIV tivessem dado negativo, (v) poderia ser negada: *O João da Silva não tem HIV positivo*. E a seguinte continuação seria possível: *Na verdade, ninguém tinha HIV positivo nesse lote examinado, felizmente*. A negativa é possível nesse cenário, mas a negação de sua correspondente clivada (iii), *Não é o joão da silva que tem HIV positivo*, não é natural nesse cenário, pois pressupõe que alguém esteja com HIV positivo (e discute qual é a identidade dessa pessoa).

Vejamos alguns contextos naturais para o uso da clivagem:

(21) a. Xi! Parece que o João quebrou o vaso!
   b. Fui eu que quebrei o vaso!
(22) a. Quem lavou a louça?
   b. Foi a Maria que lavou a louça.

A sentença (21b) retoma a fala do interlocutor, corrigindo a informação sobre o agente da quebra; está em discussão quem foi o responsável, e o conteúdo pressuposto é o de que alguém quebrou o vaso. Em (22), a informação compartilhada (pressuposta) é a de que alguém lavou a louça; (22b) responde à questão (22a), e a clivagem é o gatilho da pressuposição de que alguém lavou a louça. As versões sem clivagem, usadas em situações em que não havia nenhuma conversa em curso, não disparam pressuposição:

(23) a. Eu quebrei o vaso!
   b. Maria lavou a louça.

Embora (23a) acarrete que alguém quebrou o vaso, e (23b) acarrete que alguém lavou a louça, esses acarretamentos não são também conteúdos pressuposicionais, pois, se o valor de verdade mudar, eles desaparecem. *Eu não quebrei o vaso* pode ser dito numa situação em que ninguém quebrou o vaso (ele caiu, mas não quebrou); e *Maria não lavou a louça* pode ser dito ao constatarmos que Maria saiu, e a louça suja continua empilhada na pia. Entretanto, as versões negativas de (21b) e (22b) têm o mesmo conteúdo pressuposto de suas versões positivas: *Não fui eu que quebrei o vaso* requer que alguém o tenha quebrado, e *Não foi Maria que lavou a louça* requer que a louça tenha sido lavada por outra pessoa.

Orações e sintagmas adverbias de tempo, lugar e finalidade também são gatilhos de pressuposição, pois, para localizar no tempo ou no espaço um evento, é preciso que ele exista; e o motivo ou a finalidade de uma ação dependem de sua existência.

(24) a. Darcy Ribeiro lutou muito para que os direitos dos índios fossem respeitados.
   b. Darcy Ribeiro lutou muito.

No exemplo acima, (24a) pressupõe (24b). Da mesma forma, expressões de reação afetiva ou emocional a um acontecimento pressupõem a existência do acontecimento que provocou a reação; assim (25a) pressupõe (25b).

(25) a. "Estou feliz em ter me assumido como gay." (Elton John, 1995)
b. Eu me assumi como gay.

Os chamados verbos factivos, como *saber*, *revelar*, *imaginar* etc. pressupõem a existência de seu complemento. Vemos que (26a) pressupõe (26b).

(26) a. Em 2006, Mark Zuckerberg (CEO do Facebook) soube por e-mail que tinha sido admitido na Universidade em Harvard.
b. Zuckerberg foi admitido em Harvard.

Expressões de repetição como *de novo*, *novamente*, *outra vez*, *pela segunda vez*, *da última vez* etc. pressupõem que o evento já tinha acontecido antes. Por exemplo, (27a) pressupõe (27b).

(27) a. O sino da Igreja Matriz de Paty do Alferes (RJ) tocou pela última vez em 07/05/2017, por causa do mau estado de conservação.
b. O sino da Igreja Matriz de Paty do Alferes já havia tocado antes.

Como vemos, os gatilhos de pressuposições não estão restritos a uma categoria de palavras: advérbios, verbos, construções podem disparar pressuposições. O falante de PB sabe intuitivamente escolher, em suas produções, entre uma expressão linguística que não seja um gatilho e uma que seja. Quando está ouvindo ou lendo sentenças em PB, ele reconhece os gatilhos e os conteúdos pressuposicionais a eles associados. Esses são alguns ingredientes da competência semântica, assim como os nexos decorrentes dos valores de verdade e a habilidade de compor expressões mais complexas por meio da composição sentencial, combinando argumentos a predicados.

5. SENTIDO E REFERÊNCIA

Dissemos, no início deste capítulo, que a Semântica é o estudo que relaciona intuitivamente o linguístico com o não linguístico. Na seção "Nexos lógicos", vimos o que ganhamos ao assumir um juízo de valor de verdade para as sentenças declarativas: sabendo que uma sentença é verdadeira, podemos deduzir logicamente o valor de verdade de outra ou de algumas outras, aumentando nosso conhecimento de mundo. Sentenças declarativas apresentam particulares (aqueles de que se predica algo) e categorias (propriedades atribuídas a tais particulares). Essa é a divisão clássica aristotélica. Uma sentença formada desse modo será verdadeira se o particular pertencer ao conjunto representado pela categoria. Por exemplo, na sentença *Sócrates é mortal*, *Sócrates* é o particular, *mortal* é a categoria, e a sentença será verdadeira se Sócrates pertencer à categoria dos mortais.

O lógico e filósofo alemão Gottlob Frege percebeu que era preciso aperfeiçoar a noção de significado herdada de Aristóteles. Frege apontou que a divisão interna da sentença em componentes que ou são categorias ou particulares não basta. Por exemplo, como analisaríamos uma sentença de verbo transitivo só com esse instrumental? Se tomarmos uma sentença como *Bob Dylan escreveu a canção Blowin' in The Wind*, claramente Bob Dylan conta como um particular, mas qual seria a categoria? Os escritores da canção *Blowin' in the Wind*? Ok. Porém, de algum modo, parece que também gostaríamos de tratar *a canção Blowin' in The Wind* como um particular, já que ela é única, sem par; mas, se o fizermos, o resto da sentença seria a categoria a que ela pertenceria, uma categoria no mínimo estranha: a categoria dos seus escritores. A divisão interna de uma sentença transitiva só em duas partes, uma sendo a categoria e a outra o particular que pertence a ela, não permite uma análise completa do papel dos componentes da sentença na construção de seu valor de verdade. A próxima seção, sobre predicação, apresenta a solução fregeana para tratar composicionalmente os verbos transitivos.

Frege também notou que, em certos contextos, quando uma sentença está encaixada em outra, o valor de verdade da encaixada em nada contribui para determinarmos o valor de verdade da sentença que a contém. Vamos considerar a sentença simples (28a), a complexa (28b), em que (28a) é um componente encaixado, e (28c), em que (28a) é uma das orações do período coordenado:

(28) a. Bob Dylan vai se apresentar no Brasil.

     b. Minha mãe disse que Bob Dylan vai se apresentar no Brasil.

     c. Minha mãe disse o meu nome e Bob Dylan vai se apresentar no Brasil.

Digamos que (28a) seja falsa: sabemos de fonte segura que, por algum motivo, Dylan não fará shows no Brasil. Sendo (28a) falsa, o período coordenado em (28c) será falso, mesmo

> O símbolo **&**, na lógica, indica a operação de conjunção de duas proposições, **P & Q**. Para o produto dessa conjunção ser verdadeiro, tanto **P** tem que ser verdadeira quanto **Q** tem que ser verdadeira.

PARA CONHECER Semântica

que a primeira oração, *Minha mãe disse o meu nome* seja verdadeira, pois a verdade do período inteiro composto por coordenação exige a verdade de cada uma das sentenças dentro dele. No entanto, (28b) pode ser uma sentença verdadeira ainda que (28a) seja falsa: basta que minha mãe tenha de fato pronunciado as palavras *Bob Dylan vai se apresentar no Brasil*. Para verificar a verdade de (28b), não é preciso verificar a verdade da sentença que figura como complemento oracional do verbo *dizer*. Dizemos que o contexto sintático de coordenação, exemplificado em (28c), é um contexto transparente, em que a sentença que toma parte em outra maior tem seu valor de verdade verificado. Já o contexto de complementação de verbos *dicendi* (que reportam o que alguém falou) é chamado de opaco, porque a verificação do valor de verdade da sentença mais interna não tem influência no valor de verdade da maior.

Para tratar de casos como esse, Frege (1892) apresentou uma sofisticação em termos da descrição do significado que recupera essa intuição e estabelece dois aspectos diferentes do significado: o **sentido** e a **referência** (em alemão, *Sinn* e *Bedeutung*, respectivamente). É preciso ter em mente que estamos usando essas palavras como termos técnicos a partir de agora (por isso, apresentamos também a denominação original em alemão).

A sentença mais apropriada a uma análise na tradição aristotélica é uma sentença na forma de predicado nominal, como *Bob Dylan é famoso*. Esse é um caso de sentença predicativa, em que o verbo *ser* é usado em português para expressar a inclusão do particular (*Bob Dylan*) na categoria (*famoso*). Outro modo, porém, de se utilizar o verbo *ser* é elaborando uma sentença equativa, em que não é estabelecida uma relação de pertencimento, mas uma relação de igualdade. Quando dizemos, por exemplo, *Bob Dylan é o ganhador do prêmio Nobel de Literatura de 2016*, estamos assinalando uma identidade, ao dizermos que os dois particulares presentes na sentença são o mesmo ente. Veja em (29) a diferença entre esses dois tipos de emprego do verbo *ser*:

(29) a. Sentenças Predicativas: $\mathbf{x} \in P$ (**x** pertence a P)
 b. Sentenças Equativas: $\mathbf{x} = \mathbf{y}$ (**x** é igual a **y**)

O refinamento da noção de significado proposto por Frege procura esclarecer a diferença entre as duas sentenças equativas em (30).

42

(30) a. A estrela da manhã é a estrela da manhã.

b. A estrela da manhã é a estrela da tarde.

De um ponto de vista intuitivo, você considera essas sentenças como iguais ou diferentes? Parece claro que se trata de sentenças diferentes. A sentença (30a) é uma sentença tautológica do tipo $a = a$, ou seja, esta sentença é sempre verdadeira, pois todo objeto é igual a si mesmo. Não importa qual termo você coloque no lugar de a, o resultado sempre será uma sentença verdadeira. Faça o teste: *A professa de Semântica é a professora de Semântica*; *A diretora do Instituto de Letras é a diretora do Instituto de Letras...* Já a sentença (30b) é uma sentença do tipo $a = b$ e, portanto, informa alguma coisa. Veja que substituir **a** e **b** leva a sentenças que informam algo, como *A professora de Semântica é a diretora do Instituto de Letras*. Na Antiguidade, as pessoas não sabiam que o ponto luminoso que viam pela manhã (a estrela da manhã) e o que viam no final do dia (a estrela da tarde) eram o mesmo: o planeta Vênus. Elas usavam o marco temporal para descrever duas estrelas supostamente diferentes, a estrela da manhã e a estrela da tarde. Logo, para essas pessoas, a sentença (30b) traz uma informação nova.

Nesse sentido, vemos que (30a) e (30b) são sentenças de tipo bem diferentes. Mas por que então Frege preocupou-se com elas? Acontece que, do ponto de vista da contraparte extralinguística, ou seja, do mundo, a estrela da manhã é a mesma que a estrela da tarde. Dito de outro modo, essas sentenças se referem ao mesmo objeto, que hoje sabemos ser o planeta Vênus, ou seja, elas possuem o mesmo referente. Então, se for levado em conta somente o ponto de vista referencial, essas sentenças expressam a mesma noção, são sinônimas. No entanto, vimos que não é essa a intuição que temos. A Estrela D'Alva (a da manhã) está ligada ao raiar do dia; já a Estrela Vésper (a da tarde) está ligada à passagem do dia para a noite, embora nos dois casos se trate do mesmo corpo celeste, o planeta Vênus. Então, nas sentenças *As pastorinhas voltaram para casa quando **a Estrela D'Alva** despontava no céu* e *Quando a sessão de cinema terminou **a Estrela Vésper** já podia ser vista*, a troca das expressões em negrito por *o planeta Vênus* levará à perda completa da informação de que as pastorinhas voltaram ao alvorecer e de que a sessão de cinema foi vespertina. Isso ocorre porque as três expressões têm a mesma referência, mas não

PARA CONHECER **Semântica**

o mesmo sentido. Afirmar que algo é igual a si mesmo (*Vênus é Vênus*) é dizer algo trivial, pouco informativo; isso é muito diferente de afirmar que duas expressões diferentes podem ser atribuídas ao mesmo referente. Para muita gente, por exemplo, pode ser novidade que Bob Dylan é Robert Allen Zimmerman, ou que Bob Dylan é o detentor do Nobel de Literatura de 2016, mas ninguém precisa estar bem informado para saber que *Robert Allen Zimmerman é Robert Allen Zimmerman* é uma sentença verdadeira.

Na proposta de Frege, cada uma das expressões que podem ser usadas para se chegar a um referente é um sentido. Dessa forma, o sentido pode ser definido como a dimensão linguística do significado que representa o modo de se expressar e designar um referente, e a referência como o aspecto do significado que designa a contraparte extralinguística da relação entre língua e mundo.

Esse aperfeiçoamento da descrição do significado em dois aspectos, o sentido e a referência, trouxe muitas vantagens para a teoria semântica. À primeira vista, por conta da relação intrínseca com o que é extralinguístico, a Semântica poderia adotar uma abordagem referencial do significado. No entanto, uma abordagem desse tipo revela muitas limitações. Por exemplo, ela teria muita dificuldade em atribuir significado a termos que possuem referência variável, tais como os pronomes pessoais. *Ele*, por exemplo, pode assumir uma referência diferente a cada instância da enunciação. Os pronomes de primeira e de segunda pessoa, *eu* e *você*, vão ter sempre uma referência diferente, a cada ato enunciativo de cada interlocutor, em um diálogo. Há ainda sintagmas de determinante que também possuem referência variável ao longo do tempo, tais como *o presidente do Brasil* e *a rainha da Inglaterra.*

Um outro empecilho para uma abordagem puramente referencial do significado são os termos que possuem a mesma referência. *A estrela da manhã* e *a estrela da tarde* são desse tipo. Como vimos, considerar apenas o aspecto referencial do significado vai levar à consideração indesejada de que as sentenças (30a) e (30b) são sinônimas. Como se não bastasse, já que todas as sentenças declarativas são ou falsas ou verdadeiras, na tradição aristotélica, Frege propõe que a referência de uma sentença seja seu valor de verdade. Então as sentenças declarativas se referem ou à verdade ou à falsidade nesse modelo. Sentenças verdadeiras muito diferentes, tais como *Luciana é paulista* e *A água, ao nível do mar, ferve a 100 graus Celsius*, possuem a mesma referência (o valor verdadeiro) em uma abordagem desse tipo. O que distingue uma sentença verdadeira de outra é o sentido, o pensamento que está expresso em cada uma.

Além disso, termos que descrevem seres sem existência nesse mundo, tais como *Odisseu*, *saci-pererê* e *unicórnio*, também apresentam um desafio para uma proposta que só considera a contraparte referencial do significado. Uma sentença como (31) falha em ter referência, por atribuir uma predicação a um indivíduo sem referência. No entanto, essa sentença tem um sentido, expressa uma proposição. A proposição é o pensamento expresso por uma frase. A proposição expressa em (31) é a de que o saci-pererê pertence à categoria dos elementos que têm uma perna só.

(31) O saci-pererê tem uma perna só.

Veja que, para Frege, a sentença acima falha em ter referência. Isso não é o mesmo que dizer que ela é falsa. Se ela fosse falsa, a sentença (32) deveria ser verdadeira e vice-versa. (Lembre-se da relação de contrariedade vista na seção "Nexos lógicos".)

(32) O saci-pererê não tem uma perna só.

Dessa forma, vemos que a contraparte não referencial do significado, ou seja, o sentido, é muito importante. No entanto, nem sempre a Semântica adotará uma abordagem que considere o sentido, além da referência. Como veremos na sessão "Predicação e composicionalidade", a abordagem lógica na qual se baseia a proposta formalista da Semântica tem como princípio que a interpretação semântica é composicional, ou seja, o valor de verdade do todo é composicionalmente calculado a partir do valor de verdade das partes. Essa abordagem lógica é chamada de Lógica Extensional, porque leva em conta a extensão, que, em algumas abordagens, é o mesmo que a referência. Essa proposta adota o princípio de que as expressões que possuem a mesma referência (extensão) podem ser substituídas sem prejuízo para o significado da sentença como um todo. Essa propriedade é descrita na Lei de Leibniz, definida como o princípio da indiscernibilidade dos idênticos. Ou seja, o princípio da impossibilidade de discernimento entre dois elementos que possuem a mesma referência (idênticos em uma abordagem extensional). A Lei de Leibniz foi adotada por Frege para as línguas naturais da seguinte forma:

(33) Se A e B têm a mesma referência, então podem ser substituídos *salva veritate*.

Há contextos linguísticos em que a Lei de Leibniz pode ser adequadamente aplicada, como em (34).

(34) a. O Brasil fica na América do Sul.
b. O quinto maior país do mundo fica na América do Sul.

> *Salva veritate* é uma expressão latina que quer dizer "com a preservação do valor de verdade". Ou seja, se A e B possuem a mesma referência, então eles podem ser substituídos sem prejuízo para o valor de verdade do todo.

Em sentenças como em (34a) e (34b), as expressões *O Brasil* e *o quinto maior país do mundo* têm o mesmo referente e podem ser trocadas sem alteração das condições de verdade da sentença. Os contextos linguísticos em que isso é possível são chamados de contextos extensionais. Há contextos, no entanto, em que a Lei de Leibniz não pode ser aplicada. Trata-se de contextos em que a substituição de um termo por outro, ainda que tenha a mesma referência, traz mudanças importantes para o significado da sentença. Observe, por exemplo, as sentenças em (35). Você acha que elas expressam o mesmo significado?

(35) a. João acha que Manuel Francisco dos Santos foi o melhor jogador do mundo.
b. João acha que Garrincha foi o melhor jogador do mundo.

Quem conhece o mundo do futebol sabe que Manuel Francisco dos Santos era o nome de Garrincha. Nesse caso, vemos que a única diferença entre (35a) e (35b) é a substituição de dois sentidos para o mesmo referente. No entanto, não é possível garantir que João saiba disso. João pode ter sido o vizinho de Garrincha quando eram pequenos e achar que aquele garoto (Manuel) jogava muito bem quando brincavam na rua. Mas pode ser que ele não saiba que esse garoto, ao crescer, tenha se tornado o conhecido jogador de futebol. Esses contextos em que a Lei de Leibniz não pode ser aplicada são chamados de contextos opacos ou intensionais por Frege. O termo vem de *intensão*, um modo de se remeter ao sentido. Esses contextos são criados especialmente em sentenças que apresentam

O estudo do significado no nível da sentença

verbos de atitude proposicional, tais como *achar*, *crer*, *acreditar*, *esperar*, *desejar* etc. Volte aos exemplos em (28) e observe qual sentença apresenta um contexto intensional.

Frege (1892) trata do significado de sentenças com expressões que descrevem entidades sem existência no mundo real, tais como *o papai noel*, em *O papai noel usa roupa vermelha*, como sem referência (nem falsas, nem verdadeiras), e, por não trazer outros mundos, como o da ficção, para a conta, só considera como tendo referência as sentenças em que é possível aplicar a Lei de Leibniz. Nesses contextos linguísticos, estamos aplicando uma Semântica Extensional. Já nos contextos opacos, que exigem uma complexidade enriquecida com a noção de sentido, será preciso utilizar a chamada Semântica Intensional. Escolher entre uma e outra está mais associado ao objeto de estudo em questão. Uma vez que este livro é uma introdução à Semântica Formal, a maior parte dos assuntos abordados será tratada com uma Semântica Extensional. A Semântica Intensional será introduzida no capítulo "O sintagma verbal", na seção sobre modalidade.

6. PREDICAÇÃO E COMPOSICIONALIDADE

O poder da linguagem de comunicar pensamentos, segundo Frege, emana da correspondência entre partes da sentença e partes do pensamento. Uma sentença tem componentes complementares em termos de sua contribuição para o pensamento: há expressões saturadas e insaturadas. As saturadas expressam pensamentos completos; as insaturadas precisam ser completadas. Somente uma expressão saturada pode se compor com uma insaturada. Não podemos juntar uma saturada com outra saturada, e não podemos juntar duas insaturadas. Nas palavras de Frege: "As partes de um pensamento não podem ser todas completas; ao menos uma deve ser insaturada, ou predicativa, pois, do contrário, elas não poderiam se juntar" (Frege, 1892: 216).

Essa é a base para a distinção entre argumentos e predicados. Frege popôs que a combinação entre um predicado e um argumento se dá, em princípio, como a aplicação de uma função/um operador a um

47

PARA CONHECER Semântica

argumento em matemática. Combinar dois algarismos um com o outro requer a aplicação de alguma operação. Se Pedrinho diz a Maria que tem três ovos na geladeira, e ela retruca com a sentença *Dois ovos*, o que pensar? Será que Maria quis corrigir a informação sobre o total de ovos, por saber que parte deles já foi consumida? Nessa suposição, ela pretenderia dizer algo paralelo a 3-x = 2. A operação que modifica o total de 3 para 2 é a subtração (de um ovo). Ou será que ela quis dizer que dois já foram consumidos, restando agora apenas um (3-2 = 1)? Talvez ela estivesse informando que trouxe mais dois de casa, havendo agora cinco na geladeira (3+2 = 5). Essa operação é de soma, produzindo como resultado 5. Dizer que a definição da operação vai determinar o resultado é o mesmo que dizer que a função diz o que fazer com o argumento, levando a um produto distinto de outros. Além disso, o valor de cada argumento também determina o produto, já que 3+2 tem um resultado diferente de 3+3. É nesse sentido que dizemos que o princípio da interpretação semântica é composicional, ou seja, o significado do produto é composicionalmente calculado a partir do significado das partes. Além disso, já vimos anteriormente, quando falamos de escopo, que a forma de agrupar as operações também influencia no resultado.

Vemos ainda que não é possível compor uma função diretamente: qual seria o produto de +- (a adição aplicada à subtração)? Nada compreensível. Paralelamente, não é possível juntar argumento a argumento: sabemos o que é *um prédio* e o que é *o carro*, mas o que seria a expressão complexa *um prédio o carro*? Nada inteligível. Também não podemos juntar um predicado diretamente a outro predicado: o que seria *em frente a novo*? A composição fregeana leva à junção de coisas diferentes, complementares: sempre juntamos uma função a um argumento.

Os predicados, que são os termos insaturados, tornam-se saturados pela combinação com seus argumentos, e cada argumento juntado diminui a incompletude do predicado. Ou seja: os predicados são funções que precisam receber o número correto de argumentos adequados para formarem expressões cada vez mais completas. O número de argumentos que é necessário juntar a um predicado para transformá-lo numa sentença completa é chamado de valência. *Correr* é um predicado de valência 1, a que falta um só argumento, alguém que tenha corrido. Ao compormos o predicado com o argumento *João*, formamos a sentença *João correu*, a que não falta mais nada. (Estamos desconsiderando, por enquanto, o papel da flexão verbal, que será abordado no capítulo "O sintagma verbal".) Já um predicado como *colocar* tem valência 3, ou seja, precisa receber 3 argumentos para que chegue a uma sentença declarativa com valor de verdade: o que foi colocado, onde foi colocado e quem o colocou ali. A cada combinação a valência do produto diminui, porque passam a faltar menos argumentos para se obter uma sentença inteira: _ *colocar* _ _ tem valência 3, _ *colocar o copo* _ tem valência 2, _ *colocar o copo na pia* tem valência 1, e *João colocou o copo na pia* tem valência 0. Não falta nada agora: *João colocou o copo na pia* é uma sentença declarativa completa, uma expressão saturada com sentido e referência: ela terá como referência a verdade, se de fato João pôs o copo sobre a pia, ou a falsidade, se isso não aconteceu na situação examinada.

Os predicados são expressões linguísticas que têm sentido (percebemos intuitivamente que a ideia ligada a *alto* é diferente da ligada a *curto* ou *líquido*, bem como percebemos que *vender* é diferente de *colocar*, ou de *construir*, ou de *plantar*), mas não têm como referência um certo indivíduo no mundo (que indivíduo no mundo corresponderia à ideia de *líquido* ou à de *plantar*?).

Para Frege, os predicados são funções que partem de indivíduos para chegar a valores de verdade. Por exemplo, *correu* (expressão insaturada) toma o argumento (expressão saturada) *João*, produzindo o complexo *João correu*, que será uma expressão saturada. Se uma sentença declarativa tiver seu predicado saturado por uma expressão com sentido e referência, ela também terá um sentido e uma referência, que será o seu valor de verdade.

Função

Funções são relações especiais entre conjuntos. Cada elemento do conjunto de partida (chamado domínio) tem de encontrar seu correspondente no de chegada (chamado de contradomínio). Nenhum elemento do conjunto de domínio pode ser deixado de fora da função. Por exemplo, se entendermos as ilustrações ao lado como funções que levam os homens de um grupo a seus respectivos animais de estimação, é preciso que todo homem tenha um animal de estimação. Não tem importância que haja animais sem dono, desde que cada homem tenha seu bichinho.

A função de valor de verdade tem como domínio uma sentença declarativa e como contradomínio um valor de verdade. Ela leva cada sentença a um de dois valores de verdade: ou ao verdadeiro ou ao falso, conforme o julgamento do falante.

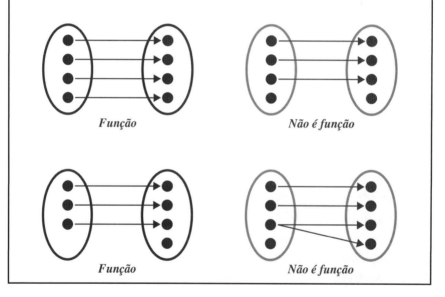

As expressões capazes de funcionar como argumento são chamadas por Frege de **nomes próprios**. Há três tipos deles. O primeiro é aquilo que a gramática tradicional assim chama, ou seja, os nomes próprios em sentido estrito, tais como *Brasil* (nome de país), *Amazonas* (nome de rio) e *Luis Fernando Verissimo* (nome de pessoa); sua referência é o lugar, o rio ou a pessoa que nomeiam. O segundo tipo são as descrições definidas, como *o país do carnaval, o segundo rio mais extenso do mundo* e *o filho de Érico Verissimo*, cuja referência é o lugar, o rio ou a pessoa identificada. O terceiro tipo são as sentenças declarativas, como *O carro em frente ao prédio é novo*, que têm como referência um valor de verdade: ou serão verdadeiras, caso descrevam uma situação existente no mundo, ou falsas, nos outros casos.

> Podemos falar da **cidade de São Paulo** de diversas maneiras, destacando um de seus diferentes aspectos (sentidos) – *a terra da garoa, o túmulo do samba, Sampa, a pauliceia desvairada, a cidade mais populosa do Brasil, a locomotiva do progresso, a cidade fora do Japão com maior população japonesa do mundo, a terra natal de Ayrton Senna, o maior polo gastronômico do Brasil, a cidade com maior índice de perturbações mentais do mundo segundo a Organização Mundial de Saúde* etc. – ou podemos encontrar sua referência (localizando no mundo o indivíduo descrito).

Nessa proposta, em *Bob Dylan escreveu a canção Blowin' in The Wind* temos dois argumentos, *Bob Dylan* e *a canção Blowin' in The Wind*, e um predicado de dois lugares: *escreveu*. Ao combinarmos esse predicado a um dos dois argumentos, digamos, com *a canção Blowin' in The Wind*, teremos um predicado de um lugar só, *escreveu a canção Blowin' in The Wind*. Recorrentemente, dando a esse predicado o argumento *Bob Dylan*, chegamos à sentença completa, que tem sentido (percebemos que ela afirma que alguém compôs certa música) e referência (a verdade). Vemos que, com a proposta de Frege, é possível dar um tratamento mais satisfatório para a composição de um sentença do que aquele que era possível dar com os instrumentos aristotélicos *particular* e *categoria*.

6.1 Seleção semântica

Vimos na seção "Anomalia, ambiguidade e interface sintaxe-semântica" que a boa formação sintática pode ser dissociada da boa formação semântica. O famoso exemplo de Chomsky *"Ideias verdes incolores dormem furiosamente"* é bem formado sintaticamente, mas não apresenta boa formação semântica. Cada predicado impõe uma seleção semântica a seus argumentos, conhecida como **s-seleção**. Por exemplo, o falante de PB tem competência para usar os diversos verbos de ingestão de comida. Ninguém diria #*eu bebi feijão*, nem #*ela comeu muito leite*, nem #*ela tomou lasanha*, pois, intuitivamente, reconhecem que *beber* seleciona alimentos líquidos, *comer* seleciona sólidos e *tomar*, pastosos ou líquidos. O falante do PB também sabe que o predicado *inteligente* s-seleciona seres dotados de raciocínio e/ou de sistema operacional complexo. Daí a estranheza de (36a): uma pedra não satisfaz essa s-seleção, mas uma pessoa sim, como mostra (36b). Outro aspecto da s-seleção que faz parte da competência do falante é saber que *todo* requer que o predicado sentencial possa tomar como argumento, independentemente, parcelas da referência do argumento. Isso explica a má formação de (36c): não há parcelas de *o aluno* que possam ter inteligência em separado das outras. Já o argumento *a classe* tem parcelas (cada aluno da classe) capazes de atender individualmente à s-seleção do predicado *inteligente*, resultando numa sentença bem formada semanticamente (36d):

(36) a. #A pedra é inteligente.

b. O aluno é inteligente.

c. #O aluno todo é inteligente.

d. A classe toda é inteligente.

A s-seleção é uma das características que distinguem uma expressão insaturada de uma saturada: a primeira seleciona certas propriedades entre as da segunda, para tomá-la como argumento. Podemos distinguir qual a parte da proposição que é a função e qual é o argumento verificando qual faz s-seleção sobre qual.

Vimos que, por trás da noção familiar de predicação, está uma computação lógica que pode ser definida em termos de funções/categorias e argumentos. Este capítulo mostrou de que formas as sentenças das línguas naturais expressam pensamentos. Vimos como a linguagem é importante para o raciocínio, que nada mais é do que as relações entre categorias, que podem ser depreendidas linguisticamente. Mostramos como as partes de uma sentença se compõem para formá-la: os sintagmas nominais são os componentes sentencias que funcionam como argumentos dos predicados, as funções. Os próximos dois capítulos investigam mais a fundo cada um desses componentes na língua portuguesa: o capítulo a seguir discute diversos aspectos dos sintagmas nominais importantes para a geração do significado, e o posterior explicita quais as informações semânticas essências presentes nos verbos da nossa língua.

Leituras complementares

Para saber mais sobre **nexos de significado**, leia o capítulo 4 do livro *Semântica*, de Gennaro Chierchia, traduzido por Rodolfo Ilari, Luiz Arthur Pagani e Lígia Negri. O livro saiu pela editora da Unicamp e pela Eduel em 2003.

O texto de Frege, "Sentido e referência", já recebeu tradução para o português, de Paulo Alcoforado, no livro *Lógica e filosofia da linguagem*, publicado pela Edusp em 2009.

Para saber mais sobre **ambiguidade**, **polissemia** e **homonímia**, leia *Introdução à semântica: brincando com a gramática*, de Rodolfo Ilari, pela editora Contexto (2013).

Exercícios

1. Utilizando as noções vistas no capítulo, discuta o trecho dado, retirado de um poema de Haroldo de Campos, refletindo sobre a relação agramaticalidade e anomalia semântica na linguagem ordinária e na poesia.

PARA CONHECER Semântica

[...] era ele quem falava de respeito e de ordem quem propunha a comida e a festa grande bárbara babynha olhos em alvo rodopia no espanto do sagrado e agora só me resta uma frase que veio dar aqui por acaso e que repito como veio sem pensar repito como o om da mandala refalo remôo colorless green ideas sleep furiously dormem incolores ideias verdes furiosamente verdes dormem furiosamente [...]

"Cheiro de urina"
Haroldo de Campos

2. Durante o Regime Militar, Chico Buarque passou a assinar algumas de suas letras como Julinho da Adelaide, para driblar a censura. Imagine, então, o que teria acontecido quando os censores se deparassem com a informação expressa na sentença (i). Utilizando os conceitos de sentido e referência, explique por que essa sentença é informativa.

(i) Julinho da Adelaide é Chico Buarque.

3. Diz a lenda que uma vez foi oferecido um curso de Semântica Formal intitulado The Meaning of "Life" (O sentido de "vida") numa universidade americana. Várias pessoas se inscreveram, achando que o curso discutiria como dar um propósito a suas vidas, e ficaram decepcionadas ao serem informadas que o tema discutido seria o sentido de expressões linguísticas como *vida*. Aproveitando essa anedota, distinga entre o conceito de significado no senso comum e o conceito de significado na Semântica Formal.

4. Examinando o exame de sangue de uma mulher, com 25 anos de idade, reproduzido a seguir, o clínico geral conclui que a sua paciente não estava com anemia. Que tipo de raciocínio o levou a essa conclusão? Indutivo ou dedutivo?

SERIE VERMELHA			VALOR REFERÊNCIA
RESULTADO			Fem: Acima 16 anos
HEMOGLOBINA	:	14,0 g/dL	12,0 a 15,5

5. Diga se os silogismos são válidos ou não:

Premissa 1: Todas as plantas brotam da terra.
Premissa 2: Este cogumelo brotou da terra.
Conclusão: Este cogumelo é uma planta.

Premissa 1: Antonio ama Lourdes.
Premissa 2: Antonio e Lurdes se casaram.
Conclusão: Lourdes ama Antonio.

Premissa 1: A febre amarela é fatal para todos os micos-leões-dourados.
Premissa 2: Muitos micos-leões-dourados contraíram febre amarela na Mata Atlântica em 2017.
Conclusão: Vários micos-leões-dourados morreram na Mata Atlântica em 2017.

O SINTAGMA NOMINAL

Objetivos gerais do capítulo:

- Apresentar os tipos de sintagma nominal, discutindo as propriedades semânticas de cada um deles em PB, passando por contrastes como nome nu *versus* sintagma de determinante, massivo *versus* contável e definido *versus* indefinido;
- Expor as teorias clássicas da Semântica Formal sobre os sintagmas nominais e introduzir ferramentas para a análise semântica dos nominais no PB.

Objetivos de cada seção:

- *Diversidade entre os Sintagmas Nominais (SN) argumentais*: mostraremos que os diferentes sintagmas nominais em posição argumental se comportam de maneira muito distinta;
- *Nomes nus*: apresentaremos a diferença de comportamento de SN nus singulares e plurais;
- *A semântica do plural*: discutiremos o número no SN do ponto de vista semântico;
- *A distinção contável-massivo*: apresentaremos o comportamento dos nominais quanto a propriedades relacionadas a essa distinção tradicional;
- *Sintagmas de determinante*: introduziremos algumas possibilidades de sintagmas de determinante a apresentaremos sua semântica básica;
- *Quantificadores generalizados*: introduziremos essa abordagem clássica dos sintagmas nominais;
- *(In)definitude*: debateremos os modos de referência no discurso e na sentença;
- *Escopo de quantificadores*: apresentaremos a interação entre determinantes e operadores.

PARA CONHECER Semântica

1. DIVERSIDADE ENTRE OS SINTAGMAS NOMINAIS ARGUMENTAIS

Vimos na seção "Predicação e composicionalidade" que, em uma sentença, encontramos predicados e argumentos. Observe nas sentenças (1) os argumentos destacados.

(1) a. *Totó* me mordeu.
   b. *Um cachorro* me mordeu.
   c. **Cachorro* me mordeu.

> Observe a semelhança entre nomes comuns como *cachorro* e *gato* com predicados como *chegou* e *colocar*, vistos no capítulo anterior.

Você reparou na diferença entre os exemplos? O argumento destacado em (1a) é uma única palavra, o nome próprio *Totó*. No entanto, em (1b), em seu lugar temos duas palavras: o nome comum *cachorro* está precedido por *um*. Chamaremos *um* de **determinante**. Caso tentássemos usar uma só palavra em (1b), chegaríamos a (1c). Mas (1c), sem determinante, não é uma sentença bem construída em português. Isso mostra que, diferentemente dos nomes próprios, os nomes comuns (aqueles que nomeiam não um indivíduo em particular, como *Totó*, mas um conjunto de objetos com certa propriedade, como a de ser canino, no caso de *cachorro*) precisam juntar-se a um determinante, formando uma expressão mais complexa (um sintagma nominal – SN – com múltiplas palavras) para poderem servir de argumento sentencial.

Vamos tratar qualquer nome comum como um predicado, ou seja, como uma função característica, que faz o seguinte: verifica se cada um dos elementos do domínio dos nomes apresenta ou não a propriedade descrita por ele próprio, formando assim dois grupos distintos. Por exemplo, considerando que o mundo tem apenas os cachorros Totó, Fiel e Lessi, e

> **Função característica** é um tipo especial de função que mapeia indivíduos a valores de verdade. Ela mapeia o indivíduo ao valor **verdadeiro** se o indivíduo tem a propriedade descrita pela função, e ao valor de verdade **falso** se o indivíduo não tem essa propriedade.

os gatos Félix, Mingau e Garfield, o nome comum *cachorro*, verificando quem tem a propriedade de ser canino, vai pegar no domínio somente Totó, Fiel e Lessi; o nome comum *gato*, verificando quem tem a propriedade de

O sintagma nominal

ser felino, seleciona como elementos do seu conjunto apenas Félix, Mingau e Garfield.

São esperados casos como (2), em que o nome comum não precisa vir precedido por um determinante, já que exerce o papel de predicado e não de argumento, papel este que é desempenhado na sentença pelos nomes próprios coordenados *Totó*, *Fiel* e *Lessi*:

(2) Totó, Fiel e Lessi são *cachorros*.

Se constituintes com uma palavra só (*Totó*, em (1a)) são equivalentes a SN maiores (*um cachorro*, em (1b)), as duas palavras combinadas num mesmo SN não podem fazer contribuições iguais. Cabe então perguntar qual é o papel de cada um dos elementos de um SN como *um cachorro*. A Sintaxe Gerativa assumiu que, da mesma forma que todo predicado verbal precisa da flexão (desinência verbal) para ser ancorado no tempo e no espaço (por exemplo, *O filho de João nascer* não é uma sentença que exprima um pensamento completo, ao passo que *O filho de João nasceu* é uma boa descrição de um acontecimento), também todo predicado nominal tem de se combinar a um determinante para poder fazer referência. Nesse sentido, a teoria considera que a categoria mais central do SN não é o nome comum, que tem como significado um conjunto de objetos de certo tipo (p.ex., *gato* denota felinos como Felix, Mingau etc.), mas o determinante, que tem um significado mais geral (*um*, em (1b)), não significa um indivíduo em particular, nem um conjunto deles. Determinantes como *um* são, portanto, palavras funcionais que realizam uma operação no domínio dos nomes comuns. A agramaticalidade da sentença (1c) então é justamente explicada pela ausência do núcleo funcional. No entanto, há sentenças sem determinante realizado que são boas. Veja:

(3) *Cachorros* perseguem gatos.

Note que a sentença (3) não predica sobre um cachorro em particular (diferentemente de (1a), por exemplo, que fala de Totó), mas descreve um comportamento generalizado para todo e qualquer cachorro. Sentenças desse tipo são chamadas de genéricas, e sentenças como (1a) e (1b), por sua vez, são chamadas de episódicas, porque descrevem situações únicas, que não se repetem, estão ancoradas no tempo e no espaço, e envolvem participantes particulares. O Totó até pode morder de novo a mesma pes-

PARA CONHECER Semântica

soa, mas aí teremos uma nova mordida; não será o retorno da mordida que a sentença (1a) descreve. O contraste entre (1c) e (3) indica que a ocorrência de um nome comum sem determinante em posição argumental é favorecida não só pelo tipo de sentença (como a sentença genérica), mas também pela marca de morfologia de plural. SN sem determinante como *cachorro* (1c) e *cachorros* (3) são chamados sintagmas nominais nus (NN). Na próxima seção, vamos examinar algumas diferenças entre os dois.

2. NOMINAIS NUS

Vimos anteriormente que sintagmas nominais como *cachorro* e *cachorros* podem ocorrer como argumentos ou como predicados. A possibilidade de ocorrência de nominais nus em posição argumental varia de língua para língua. Observe a diferença entre o português europeu (PE) e o português brasileiro (PB) no que diz respeito à ocorrência de nominais nus plurais (os "plurais nus", do inglês *bare plurals*) – ex. de Peres, 2013:

(4)   a. *Crocodilos* são muito perigosos. (estranho em PE, aceitável em PB)
      b. Tenho horror a *crocodilos*.   (aceitável tanto em PE quanto em PB)

Você notou que existe uma diferença na posição argumental de sujeito (4a)? E que que falantes do PE e do PB aceitam igualmente nomes nus na posição de objeto (4b)? Já o nominal nu singular (*bare singular*) ocorre apenas em PB. As sentenças em (5) são inaceitáveis para os portugueses (Raposo, 2013):

(5)   a. Comprei *revista* domingo.
      b. Adoro *rosa*. (a flor, não a cor)

Os portugueses diriam *comprei revistas*, em lugar de (5a), e *adoro rosas*, em lugar de (5b). Logo, um fator que distingue a gramática do PB da do PE é o emprego de singulares nus em posição argumental. Porém, mesmo em PB, um singular nu não pode ocupar a posição de argumento em qualquer sentença. O seu licenciamento em posição de sujeito é mais difícil do que em posição de complemento, como vimos pela restrição da sentença (1c) ***Cachorro** me mordeu*. Observe, ainda, o contraste entre (5) e (6).

(6)   **Vizinha do meu irmão* sofreu uma queda e quebrou a perna.

60

Como se verá, o singular nu não é sempre agramatical na posição de sujeito, pois seu licenciamento é sensível ao tipo de sentença, como será mostrado a seguir. As sentenças em (7) são genéricas e aceitáveis em português, enquanto, em (8), os mesmos NN singulares na posição de sujeito de sentenças episódicas tornam as sentenças agramaticais.

(7) a. Homem não chora.
     b. Água ferve a 100ºC.
(8) a. *Homem tropeçou numa pedra e torceu o tornozelo.
     b. *Água já ferveu.

Vale notar que essa restrição é exclusiva dos NN. sintagmas determinantes (SD) são perfeitos tanto como sujeitos como complementos de sentenças episódicas. Experimente acrescentar um determinante às sentenças (6), (8a) e (8b): *A vizinha do meu irmão* sofreu uma queda e quebrou a perna, *O homem* tropeçou numa pedra e torceu o tornozelo, *A água* já ferveu.

Além das diferenças nas condições de licenciamento, há diferenças interpretativas entre NN e SD. Eles diferem entre si, por exemplo, quanto à capacidade de fixar uma quantidade, como mostrou Greg Carlson, que desde 1977 estuda os NN do inglês. Esse semanticista notou que os plurais nus em posição argumental ganham interpretações bem diferentes quanto à quantidade de indivíduos sobre a qual o predicado incide. Veja os exemplos em (9), adaptados para o português – (9d) pode não parecer muito natural, mas imagine que se trate de uma manchete de jornal.

(9) a. Cachorros são quadrúpedes.   (virtualmente todos)
     b. Cachorros têm em média
        seis filhotes por gestação.   (só as fêmeas férteis)
     c. Cachorros abanam o rabo para o dono.   (só os que têm dono)
     d. Cachorros foram abandonados nesta rua. (alguns, cinco)

Você reparou como muda drasticamente o número de indivíduos cachorros considerados de uma sentença para outra na sequência anterior? Como explicar esse fato? Será que o plural nu *cachorros* é ambíguo? Se fosse, precisaríamos assumir múltiplas entradas lexicais para o termo: *cachorros1* significaria todos os cachorros do mundo, mas *cachorros2* significaria aqueles que moram na minha casa etc. – essa não parece uma boa ideia.

PARA CONHECER Semântica

Em trabalhos clássicos, Carlson (1977) e Chierchia (1998) propuseram que os NN têm sempre a mesma semântica; a variabilidade na interpretação de quantidade observada de (9a) a (9d) decorre do fato de que cada predicado recorta diferentemente o seu argumento. Essa tese é conhecida como a hipótese do significado uniforme. O significado básico único que os autores atribuem ao NN é o da espécie, ou seja, *cachorros* significa a espécie *canis familiaris*. Predicados genéricos (9a e 9b) fazem referência à espécie toda ou a seus representantes típicos; predicados habituais, que generalizam sobre a frequência de determinada situação, recortam um subconjunto, os membros da espécie presentes na tal situação (9c); já predicados episódicos selecionam membros particulares dessa espécie para contar algo sobre eles (9d).

Embora os NN não fixem um teto de quantidade, é possível sim diferenciar os plurais nus dos singulares nus no PB pelo número mínimo de indivíduos em sua interpretação. Veja as sentenças em (10).

(10) a. Eu comprei abacaxi na feira.

b. Eu comprei abacaxis na feira.

Para descrever uma situação em que foi adquirido um único fruto, (10b) soa inadequada, mas (10a) é ok. Porém, se compramos mais de um abacaxi, ambas as sentenças são adequadas. Já quando tudo o que eu comprei de abacaxi na feira foi uma bandeja contendo duas fatias, ou seja, menos de um fruto completo, (10b) soa estranho e (10a), normal. Isso indica que o significado do singular nu *abacaxi* inclui todas as quantidades possíveis, inclusive uma unidade isolada ou partes de um inteiro, mas o plural nu *abacaxis* exige pelos menos duas unidades completas. Esses dados são diferentes apenas pela presença/ausência do morfema *-s* no NN e levam a uma pergunta: qual seria a semântica do plural em PB?

3. A SEMÂNTICA DO PLURAL

Na nossa trajetória escolar, a marcação de número foi sempre tratada como um fenômeno morfossintático, associado à concordância nominal. A exploração da semântica do plural nunca teve muito espaço.

62

Temos, no entanto, uma intuição de que a forma singular faz referência a um indivíduo e a forma plural faz referência a dois ou mais. Desde João de Barros, um gramático do século XVI, o número no SN em português é visto como "aquela distinção por que apartamos um de muitos" (Barros, 1971: 309). Mas o plural significa mesmo dois ou mais indivíduos, como a tradição gramatical entende? E o singular significa mesmo um único indivíduo?

Na visão do linguista Joaquim Mattoso Câmara Jr., o PB conta com um morfema que expressa número no domínio nominal, realizado como -*s*, em *abacaxis*. Na sua visão, estruturalista, a presença de -*s* indica plural, e sua ausência, representada por Ø, em *abacaxi*Ø, singular (Câmara Jr., 1975). Mas o que cada uma dessas formas denotaria?

Em sentenças episódicas, o significado de certos SD em posição argumental segue a nossa intuição: *A minha caneta é azul* fala de uma única caneta, e *As minhas canetas são azuis* fala de duas ou mais canetas. Mas, como vimos, as sentenças genéricas apresentam características que influenciam na denotação do sintagma argumental. A sentença *As laranjas têm vitamina C* não significa que duas ou mais laranjas têm vitamina C, mas passa a ideia de que qualquer laranja conterá essa vitamina. O mesmo pode-se dizer das sentenças *A laranja tem vitamina C*, *Laranjas têm vitamina C* e *Laranja tem vitamina C*. A presença ou ausência do morfema -*s* não parece interferir na noção de número de laranjas contendo a vitamina. Faça o contraste com os exemplos das canetas.

Já comentamos o fato de que, em sentenças episódicas com argumentos nus, lemos a denotação do singular de outra forma, ao contrastarmos *Comprei abacaxi* e *Comprei abacaxis*. Nesses exemplos, embora seja verdade que o SN com -*s* requer incluir na compra no mínimo dois abacaxis, a ausência desse morfema (Ø) não produz necessariamente leitura de singular, mas deixa a quantidade completamente indefinida. Isto é, como já apontado, *Eu comprei abacaxi na feira* não significa que eu comprei exatamente um abacaxi inteiro: essa sentença será julgada verdadeira se eu tiver comprado dois, dez ou metade de um.

Afinal, a questão do que é plural e do que é singular não é tão simples. Para complicar ainda mais, pense em casos em que o acréscimo do

PARA CONHECER Semântica

morfema -*s* claramente não significa aumento de número de indivíduos ou objetos (cardinalidade). Em **As águas vão rolar**, *Vai tudo pelos* **ares**, *Ato contra a violência toma* **as areias de Copacabana**, *É preciso fazer a demarcação* **das terras indígenas**, o morfema -*s* não expressa pluralidade de indivíduos/unidades (duas ou mais águas, areias, ares, montes de terras), mas amplitude, grande volume. Além disso, o morfema -*s* pode expressar leituras de diferenciação de tipos ou espécie, como em *açúcares* (= mascavo, branco, demerara) ou *vinhos* (tinto, branco, rosé). Como se não bastasse, certos SN do PB parecem não aceitar bem o morfema de plural: *João perdeu sangue na cirurgia*, mas **João perdeu sangues na cirurgia* (compare a *João perdeu moedas*).

Então, o que significa ser plural/singular? E como isso é marcado em PB? Está claro que tanto a definição nocional/tradicional de plural como *mais de um* quanto a associação entre o morfema zero (Ø, a ausência de -*s*) e singular (= exatamente um) não têm sustentação empírica. Uma definição da semântica do morfema do plural do PB que desse conta de todos os seus empregos teria de ser algo como "aumento de quantidade" (seja em volume, cardinalidade ou tipos).

Discutimos o número no domínio nominal em PB. Mas serão todas as línguas iguais nesse quesito? Não. Há línguas sem morfema de plural. Karitiana (língua indígena da família tupi, ramo arikém, falada em Rondônia) não tem oposição morfossintática entre plural e singular; a palavra *taso* ('homem'), na sentença *Taso naka'yt boroja* ('Homem comeu cobra') pode ser interpretada como 'os homens', 'homens', 'um homem', 'o homem', 'homem'; e a palavra *boroja* ('cobra') também pode ter leitura singular ou plural (Müller, Storto e Coutinho-Silva, 2006).

Já as línguas que possuem morfema de plural apresentam certas tendências gerais de interpretação. No entanto, pode haver ainda divergência quanto à sua denotação. Há uma discussão na literatura semântica que envolve a possibilidade de formas plurais fazerem referência também a singularidades. Se você está achando estranho considerar que o plural possa também fazer referência a singularidades, imagine a seguinte sentença: *Não tem cadeiras na sala*. Está claro que ela expressa que não há nenhuma cadeira na sala, ou seja, nega a existência de uma ou mais

O sintagma nominal

cadeiras nesse cômodo. Nesse caso, portanto, *cadeiras* faz referência a singularidades e a pluralidades. Este é o chamado plural inclusivo, por oposição ao plural exclusivo, que exclui as singularidades de sua denotação. No entanto, se considerássemos o plural como inclusivo, em sentenças afirmativas, como *Tem cadeiras na sala*, teríamos que ter a leitura de que há uma ou mais cadeiras na sala, mas não é isso que acontece. Essa sentença não é adequada se houver apenas uma cadeira na sala. Considera-se que a leitura de dois ou mais indivíduos nesse caso é resultado de competição pragmática (se a pessoa não quisesse distinguir dois ou mais objetos, poderia ter dito *Tem uma cadeira na sala*). Segundo essa abordagem, como o plural pode fazer referência a indivíduos singulares e a somas de indivíduos, e o singular só pode fazer referência a um indivíduo isolado, o singular é o mais marcado. Isso quer dizer que ele tem um significado mais especializado.

Mas veja que a expressão de singular em PB só ocorre em SD como *uma cadeira*, já que o singular nu *cadeira* em *Tem cadeira na sala* não significa exatamente uma cadeira. Esse é precisamente o termo utilizado para se fazer referência a uma ou mais cadeiras. Assim sendo, parece que o plural do português não é inclusivo, ou entraria em competição com o singular nu nesses casos.

Para aprofundarmos a noção semântica de plural, consideremos a proposta de que o domínio nominal tem uma estrutura interna (Link, 1983). Vamos considerar como um exemplo de universo uma casa em que existem apenas três canecas. Há situações em que você vai usar apenas uma (qualquer uma das três); há situações em que, tendo um visitante, você precisará usar duas (qualquer dos pares possíveis de formar com as três canecas); e, se tiver dois visitantes, terá de colocar todo o seu trio de canecas em uso. O desenho na Figura 1, que é chamado de *reticulado*, mostra todas essas possíveis combinações.

Figura 1 – Reticulado com canecas

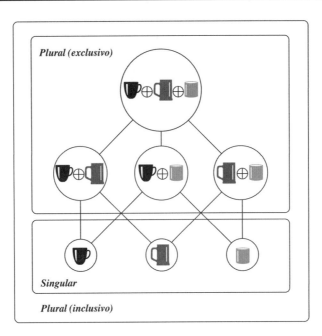

As canecas sozinhas nas linhas mais baixas são os átomos. A partir delas, são formadas as somas que vemos seguindo as linhas para cima: soma do círculo mais à esquerda, por exemplo, traz a caneca arredondada embaixo, mais escura, e a que tem base reta e alça. O círculo superior é o supremo, ou seja, a maior soma que se pode formar com esses átomos; todas as canecas estão incluídas nessa soma. O singular recorta, dentro do universo das canecas, apenas os átomos ou unidades isoladas; o plural exclusivo recorta apenas as somas de indivíduos, ou seja, os arranjos que juntam dois ou mais indivíduos; o plural inclusivo aceita qualquer quantidade, incluindo todos os círculos.

Crédito de imagem: *mug* by Annie Wang e *beer mug* by Pedro Santos from the Noun Project.

Esse modelo representa a relação lógica estabelecida entre as partes e o todo e é chamado **mereológico**. Com a ajuda desse reticulado, podemos verificar que o nome nu *caneca*, em PB, não é utilizado apenas para se fazer referência às singularidades. Você pode dizer *Eu tenho caneca em casa* tendo uma ou mais canecas. Nesse sentido, a denotação de *caneca* faz referência ao reticulado todo e coincide com a denotação de plural inclusivo no esquema anterior. Por isso, esse nominal nu em português também é chamado de nominal de número neutro, em vez de singular nu. Já o nome nu plural do português, *canecas*, só pode ser usado para falar das duplas ou do trio (denotação do plural exclusivo). O contraste entre o singular nu *caneca* e o plural nu *canecas* está no fato de que a forma plural não é usada para falar de apenas um indivíduo; mas ambas podem ser usadas quando há dois ou mais indivíduos.

Há línguas, no entanto, em que o NN só pode ser plural, como o PE e o inglês, e nelas o nu plural tem outra interpretação. Em inglês, a sentença *She went shopping for mugs* (**mug*) ('Ela foi comprar canecas') é usada mesmo que se deseje apenas uma caneca. Ou seja, o plural nu do inglês inclui também um indivíduo isolado (plural inclusivo). Em PB, a forma plural de um nome só inclui somas (pluralidades), não indivíduos isolados (plural exclusivo).

Mas... se o nominal nu *caneca* é neutro e não indica um indivíduo só, como o falante pode indicar singularidade em PB? Para determinar uma quantidade exata, o falante de PB vai ter de usar um sintagma de determinante como *a caneca*, *uma caneca*, *quatro canecas*... Só os SD colocam um limite máximo de quantidade na sua referência. Os nomes nus, seja com ou sem marca de plural, nunca definem um limite máximo: podemos usar *caneca* ou *canecas* para 2, 4 ou 30 objetos. O plural nu define apenas um limite mínimo (*canecas* não serve para falar de uma única caneca).

Depois de termos discutido um pouco a diferença entre SD e NN, e atacado conceitos equivocados, mas muito difundidos, sobre como se dá a expressão de quantidade, vamos passar a uma propriedade gramatical em que a interpretação da quantidade é o protagonista: a distinção contável-massivo.

4. A DISTINÇÃO CONTÁVEL-MASSIVO

Os SN podem fazer referência a pessoas (*a sua irmã caçula*), animais (*o gatinho da vizinha*), lugares (*a casa dele*), objetos (*o meu celular*) etc. Entretanto, não é verdade que os SN (os substantivos) apenas "nomeiam seres", como a tradição gramatical nos induziria a pensar: SN denotam sentimentos (*o amor de Romeu por Julieta*), estados (*essa tranquilidade*), eventos (*o nascimento do Luís*), materiais (*os ladrilhos do piso*), líquidos (*a água do mar*), substâncias (*o pó que se acumulou sobre o móvel*) etc.

PARA CONHECER Semântica

Esse grande leque de tipos de referente não interfere na capacidade de um SN funcionar como argumento: se você quiser, facilmente construirá uma sentença com cada um dos exemplos dados, combinando-os a predicados.

O que chamou a atenção de filósofos e linguistas foi uma certa correlação entre a natureza do referente, de um lado, e o comportamento sintático-semântico dos SN, de outro, observada em línguas naturais diversas. Esses fatos encorajaram os estudiosos a propor uma separação generalizada dos nominais em dois grandes grupos: contáveis e massivos – *grosso modo*, os nomes contáveis denotam indivíduos que podem ser contados gramaticalmente, enquanto os massivos têm denotação não contável.

Há autores que argumentam a favor dessa classificação invocando critérios sintáticos, enquanto outros privilegiam critérios semânticos. Mas será que essa distinção é linguística (gramatical) ou é extralinguística (do mundo)? Em outras palavras, será que a percepção de mundo se reflete na língua? Ou é a língua que recorta e formata o modo de referência?

Vamos examinar alguns dos critérios adotados pelos proponentes da distinção contável-massivo, o que nos permitirá entendê-la melhor e acompanhar contribuições para o que se sabe atualmente a esse respeito em português brasileiro. Uma linha de explicação para o contraste contável-massivo considerada como insustentável é a que recorre exclusivamente ao critério da Ontologia (o estudo daquilo que existe e das suas propriedades no mundo, não na língua). Essa proposta é a de que o mundo tem líquidos e substâncias de um lado e, de outro, seres individuados, que apresentam unidades discretas e podem agrupar-se; tal distinção extralinguística seria refletida pela língua.

Essa visão ontológica é colocada em xeque pela observação de que o mesmo referente no mundo pode ser acessado por um nome massivo numa língua e por um nome contável em outra. Por exemplo, a mesma coisa recebe um nome contável no inglês (*hair*, *luggage* – 'cabelo', 'bagagem') e um nome massivo em italiano (*capello*, *bagaglio*). Isso acontece até mesmo dentro de uma mesma língua: tanto *feijão* como *arroz* são grãos, até fáceis de separar uns dos outros; se a língua refletisse cegamente a realidade, esperaríamos que ambos recebessem nomes contáveis; no entanto, *feijão* é contável, mas *arroz* é massivo em PB: é muito mais natural dizer que tenho *três feijões* na palma da minha mão do que **três arrozes*.

68

O sintagma nominal

Contraria também a visão ontológica o fato de que um mesmo SN pode apresentar leitura massiva num contexto e contável em outro, tal como *carinho* (na acepção de sentimento, é massivo; na de carícia, é contável). Diversas outras expressões podem ser aplicadas tanto a objetos discretos quanto a materiais/substâncias, como *chocolate, sabão, pano* etc. Também não favorece a abordagem ontológica o fato de podermos alcançar a mesma referência por dois caminhos ou sentidos, e um deles ser um nome massivo e outro contável: *dinheiro* é massivo (*Quanto dinheiro você tem?*), mas *real* é contável (*Quantos reais você tem?*); *gente* é massivo, mas *pessoa* é contável; e há muito mais pares.

Uma outra abordagem para a distinção contável-massivo é a que utiliza o critério semântico do modo de referência. Segundo essa proposta, a Semântica não é moldada pela realidade extralinguística, mas a Ontologia deve ser guiada pelos fatos da língua (Link, 1983). Uma das propriedades do modo de referência das expressões nominais, a propriedade da denotação cumulativa, é compartilhada por SN massivos e SN plurais, mas está ausente de SN singulares.

(11) *Cumulatividade*: um predicado **P** é cumulativo se, e somente se, sempre que o predicado **P** se aplicar individualmente a dois indivíduos quaisquer **x** e **y**, o predicado **P** também se aplique à soma de **x** com **y**.

Figura 2 – Cumulatividade e divisibilidade

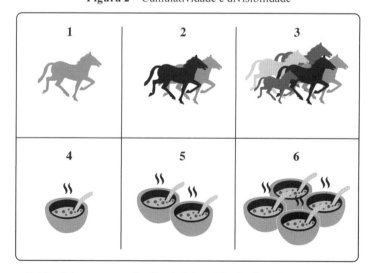

Crédito de imagem: *soup bowl* by Artdabana@Design from the Noun Project.

69

PARA CONHECER Semântica

Para nos referirmos a um equino (quadrinho 1 da Figura 2), podemos usar o termo *um cavalo*. A proposta foi formulada para singulares nus do inglês (*horse*, nesse caso); mas, como vimos, *cavalo* em português não denota singularidades, mas tem número neutro. Assim, a única forma de expressarmos unicamente o singular é por meio do SD *um cavalo*. Esse SD não pode ser usado para fazer referência a grupos de cavalos (não serve para falar dos objetos no quadrinho 2 nem dos objetos no quadrinho 3). Para falar de dois equinos, precisamos usar outra expressão, que pode ser o SN plural *cavalos*. Se tivermos mais cavalos (quadrinho 3), podemos continuar usando a mesma expressão; não importa quantos indivíduos equinos juntemos a eles, a mesma palavra continuará servindo. A propriedade de se referir a qualquer tamanho de pluralidade é a da referência cumulativa: a partir de dois indivíduos, até o infinito, cumulativamente, usaremos o nome no plural.

A propriedade da referência cumulativa também vale para líquidos e substâncias. Chamamos o conteúdo de uma vasilha de *sopa* (quadrinho 4), bem como o conteúdo somado de duas vasilhas (quadrinho 5), ou o de quatro (quadrinho 6), de *sopa*. A mesma expressão serve para qualquer quantidade. Se despejarmos o líquido de mais vasilhas numa sopeira, ainda chamaremos o que está lá dentro de *sopa*. A propriedade da referência cumulativa isola apenas as singularidades. Usamos *uma caneca* para o único objeto de porcelana da Figura 4, mas, para falar do conjunto de objetos de porcelana do quadrinho 5 ou do 6, ou de qualquer pluralidade, não mais servirá esse sintagma: precisaremos usar outro, *canecas*, no plural.

A cumulatividade é testada aumentando a quantidade do referente, para ver se podemos continuar a empregar uma mesma expressão linguística. Há outra propriedade do modo de referência que vai na direção inversa, verificando se a mesma expressão pode se aplicar a partes constituintes de uma referência: a divisibilidade, também conhecida como homogeneidade ou referência homogênea.

(12) *Divisibilidade*: Um predicado **P** é divisível se, e somente se, para todo **x** que pertence ao predicado **P**, todas as partes **y** de **x** também pertencerem ao predicado **P**.

Para ilustrar essa propriedade, vamos voltar ao quadrinho (3) da Figura 2, que mostra um quarteto de *cavalos*. Podemos dividir esse grupo de várias maneiras; vamos começar por um trio mais um cavalo solitário. Para nos referirmos ao trio, ainda podemos usar *cavalos*. Mas não podemos nos referir ao cavalo solitário remanescente usando *cavalos*; teremos de mudar de expressão, usando *um cavalo*. Logo, SN plurais não apresentam a propriedade da divisibilidade. Para nos referirmos ao animal do quadrinho (1), usaremos *um cavalo*. Como dividir essa referência? Se quisermos falar apenas das patas do cavalo, por exemplo, não poderemos nos referir a elas pela expressão *um cavalo*. Isso mostra que SN contáveis singulares também não apresentam divisibilidade no seu modo de referir. Já nomes como *sopa* apresentam essa propriedade. Vamos considerar a quantidade total ilustrada no quadrinho (6): podemos usar *sopa* para falar dela. Também podemos falar da metade dessa quantidade (quadrinho 5) usando o mesmo termo. Se dividirmos esse tanto pela metade novamente (quadrinho 4), ainda usaremos *sopa* para nos referirmos à menor quantidade obtida. Poderemos usar *sopa* mesmo para nos referirmos ao conteúdo de uma colherada retirada da substância que ocupa as canecas nos quadrinhos de (4) a (6). Assim, nomes de massa são divisíveis, nomes contáveis não.

O modo de referir separa então SN contáveis singulares (*um cavalo*), que não apresentam cumulatividade, tanto de nomes contáveis plurais (*cavalos*) quanto de nomes de massa (*sopa*). A cumulatividade é uma propriedade comum aos nomes contáveis plurais e aos de massa. O modo de referir distingue contáveis de massivos pela divisibilidade: apenas nomes de massa (*sopa*) fazem referência a um todo e a cada parte constituinte desse mesmo todo; essa propriedade não é encontrada nem nos SN contáveis singulares (*um cavalo*) nem nos plurais (*cavalos*). Há um limite mínimo de quantidade para a divisão da referência dos nomes contáveis, que, se for quebrado, levará à inadequação do uso daquela palavra: *cavalos* não pode se referir a menos que dois indivíduos, e *um cavalo* não pode se referir a menos que um indivíduo completo; já para os nomes massivos não aparece esse limite mínimo de quantidade: uma vez que reconheçamos que se trata de sopa, poderemos nos referir a qualquer quantidade dessa substância usando a mesma expressão.

Examinamos até aqui critérios semânticos: o ontológico, já descartado, e o do modo de referência, que se baseia na língua, já que os referentes estão organizados num domínio estruturado segundo certas propriedades.

PARA CONHECER **Semântica**

Vamos agora examinar os critérios sintáticos. Os adeptos dessa visão defendem que, em vez do modo de ser do objeto referido no mundo, e em vez da forma como seu domínio é estruturado, é o comportamento gramatical de um SN que o define como contável ou massivo.

As propriedades gramaticais mais marcantes e gerais que estão relacionadas à distinção contável-massivo (chamadas de propriedades de assinatura) são:

(i)   A combinação com morfologia de plural:

CONTÁVEIS		MASSIVOS	
MENOS QUANTIDADE	MAIS QUANTIDADE	MENOS QUANTIDADE	MAIS QUANTIDADE
menino	*meninos*	*água*	*#águas*
balão	*balões*	*oxigênio*	*#oxigênios*
flor	*flores*	*pó*	*#pós*
carro	*carros*	*lama*	*#lamas*

O morfema -*s* produz leitura de quantidade cardinal com nomes contáveis como *meninos*. Com nomes massivos, a forma pluralizada pode ter leitura de volume ou de tipos. *Águas* pode ser uma grande quantidade de água, como *as águas do pantanal*, ou mais de um tipo, como em *as águas com e sem gás*. Vale notar que não é tão fácil pluralizar SN massivos quanto é fácil fazer isso com os contáveis. A ocorrência de massivos pluralizados é mais restrita e necessita de informações contextuais.

(ii)   A combinação direta com numerais cardinais:

CONTÁVEIS		MASSIVOS	
MENOS QUANTIDADE	MAIS QUANTIDADE	MENOS QUANTIDADE	MAIS QUANTIDADE
1 menino	*3 meninos*	*#1 água*	*#3 águas*
1 balão	*3 balões*	**1 oxigênio*	**3 oxigênios*
1 flor	*3 flores*	**1 pó*	**3 pós*
1 carro	*3 carros*	**1 lama*	**3 lamas*

A combinação direta com numerais é natural com nomes contáveis. Nomes massivos resistem a serem contados, a menos que venham acompanhados de um sintagma de medida. Assim, não dizemos **três oxigênios*, mas podemos dizer *três balões de oxigênio*. Os sintagmas *uma água* e *três águas* não soam totalmente estranhos porque já temos convencionalizado um sintagma de medida (*garrafa*, por exemplo).

72

Além disso, há também determinantes que são seletivos e sensíveis à distinção contável-massivo. *Cada*, por exemplo, é um determinante do PB especializado em nomes contáveis. Veja o contraste ilustrado em (13). A sentença (13b) só seria adequada com uma leitura de tipos (sal rosa, sal negro, sal marinho, grosso etc.), mas nunca com uma leitura de unidades, como (13a).

(13) a. Eu comi *cada maçã* num dia diferente.

b. ?Eu comi *cada sal* num dia diferente.

O determinante *um* também produz leituras diferentes quando combinado a massivos ou a contáveis. Veja a diferença que aparece em (14). Enquanto (14a) define uma quantidade cardinal, (14b) não permite a leitura cardinal, só a de distinção entre tipos de sal.

(14) a. Eu só tenho *uma maçã* em casa.

b. Eu só tenho *um sal* em casa.

Em português, há, ainda, determinantes que selecionam exclusivamente nomes contáveis plurais, como *vários, diferentes, diversos, distintos*; mas não há em PB determinantes que se combinem exclusivamente com nomes de massa, como é o caso do *much* do inglês (*much sugar* 'muito açúcar', *much people 'muita pessoa').

Os determinantes pluralizáveis, sem o morfema plural, podem tanto combinar-se a contáveis quanto a massivos: *muita criança, muita gente, toda a pizza, toda a força, pouca cadeira, pouco leite*. Além disso, temos o caso de *nenhum* e *todo* (sem artigo), que não têm forma plural, mas compõem-se com nomes contáveis e massivos: *toda criança, todo gás, nenhuma preocupação, nenhuma gasolina*.

Já o artigo definido pode combinar-se indistintamente a contáveis e massivos em diversas línguas, não só no PB. A estrutura algébrica que vimos anteriormente na Figura 1 oferece uma explicação lógica para isso: o artigo definido (seja plural ou singular) sempre seleciona o supremo, ou seja, a maior soma presente na situação. Temos expressões como *o ar, a gata, as pessoas*. Todas elas significam a quantidade máxima do que o nome designa na situação considerada. No caso de nomes de massa, essa quantidade não está previamente definida. Podemos dizer *a água acabou* para descrever o esgotamento da caixa d'água do prédio; ou essa pode ser a resposta da Maria ao João, quando eles foram caminhar levando uma garrada d'água para compartilhar; ou podemos falar do rio Slims, no Canadá, que desapareceu inteiramente em quatro dias, em 2017. São quantidades de água muito distintas, e umas são frações das quantidades das outras. De toda forma, estamos falando do volume máximo do contexto, seja qual for.

Mas se usamos o artigo com um nome contável, como em *a gata*, não há grandes variações de quantidade: não podemos contar do pescoço para cima como *a gata* e deixar o corpo e as pernas de fora (por exemplo, se apenas o pescoço e a carinha da gata estão para fora da caixa, não podemos descrever isso dizendo *A gata saiu da caixa*). Também não podemos usar *A gata é bonita* para falar da beleza de três gatas; a forma singular está restrita a um só animal, e inteiro.

No caso do plural, *as pessoas* não pode ser usado para falar de uma pessoa só, nem de meia pessoa; temos de ter somas de pessoas, embora possamos usar a expressão para qualquer número de pessoas acima de dois. Entretanto, a descrição definida plural sempre será entendida como falando da cardinalidade máxima de pessoas na situação examinada. Por exemplo, *As pessoas saíram da sala*, seja qual for o número de ocupantes, requer que todos tenham deixado o recinto.

Assim, em PB, tal como em algumas outras línguas, certos contextos (morfo)sintáticos, como a combinação com morfema de plural, a combinação direta com numerais e a combinação com certos determinantes é a assinatura de nomes contáveis.

Essas propriedades gramaticais são chamadas de propriedades de assinatura porque elas permitem testar o comportamento sintático dos nomes, para verificar se são contáveis ou massivos.

4.1 Novas categorias

Mesmo considerando as propriedades de assinatura vistas na última seção, vários fatos questionam os critérios semânticos apresentados (cumulatividade e divisibilidade). Sobretudo, não é nada trivial sustentar que contáveis têm átomos em sua denotação, enquanto massivos não têm. Existem nomes contáveis prototípicos, bem-comportados, como *menino*, que fazem referência específica a indivíduos singulares (podemos descrever a cena da entrada de Pedrinho usando a sentença *O menino entrou*) e são atômicos (Se Pedro entrou junto com João, vamos dizer *Os meninos entraram* e não *O menino entrou*; e se só a perna de Pedrinho está deste lado da sala, não podemos mais descrever a cena com *Pedrinho entrou*). Há também nomes massivos prototípicos, como *oxigênio* e *poeira*, que não aceitam morfema de plural (**Pedro aluga oxigênios*, **Eu tirei as poeiras da sala e do quarto*) e rejeitam contagem sem expressões de medida (**3 oxigênios*, **4 poeiras*, mas *5 cilindros de oxigênio* e *4 camadas de poeira*).

Entretanto, há nomes flexíveis, que tanto podem designar substâncias/ingredientes quanto unidades de coisas compostas por tais materiais. É o caso, por exemplo, de *papel*, *chocolate* e *pedra*. Nem mesmo as propriedades de assinatura determinam se estamos diante de contáveis ou massivos nesses casos.

Figura 3 – Nomes flexíveis

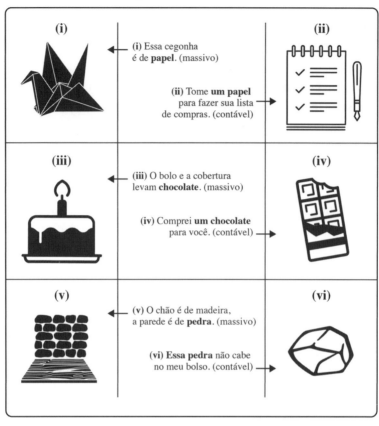

Crédito de imagens: *origami* by Simon Child from the Noun Project; *check list* by lastspark from the Noun Project; *Birthday Cake* by Yoshi from the Noun Project; *chocolate* by Maxim Kulikov from the Noun Project; *stone wall* by Albert Vila from the Noun Project; *wood plank* by Laymik from the Noun Project; *rock* by Kevin from the Noun Project.

Além dos nomes flexíveis, que não são prototipicamente nem massivos, nem contáveis, há ainda nomes contáveis, como *cerca, corda* e *buquê*, que podem ser pluralizados (*cercas*) e modificados por cardinais (*3 cordas*) – ou seja, têm a assinatura contável –, mas não têm uma unidade mínima muito clara. Se tenho *uma corda* medindo um metro e corto essa corda no meio, cada metade obtida pela divisão será também *uma corda*. Antes eu tinha uma, agora tenho duas menores. Esses nomes são contáveis gramaticalmente, mas apresentam a propriedade da divisibilidade que era apontada pela abordagem semântica como distintiva de nomes de massa.

Por exemplo, se Maria é a dona da casa que tem fumaça saindo da chaminé, e considerando que as linhas são cercas, quantas cercas o desenho mostra?

Figura 4 – Quantas cercas?

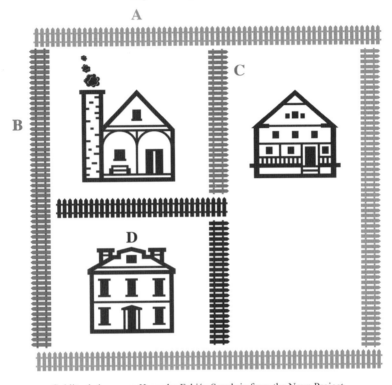

Crédito de imagens: *House* by Fabián Sanabria from the Noun Project.

Podemos considerar que há uma só, que circunda completamente a propriedade (o quadrado formado pelas retas A, B, C e D); ou quatro, a dos fundos (coincidindo com parte da reta A), a da esquerda (que toma parte da reta B), a da direita (que é parte da reta C) e a da frente (a da reta D). Não há um tamanho padrão de cerca, o que dificulta a decisão de o que contar (exemplo adaptado de Rothstein, 2017).

Além desses nomes contáveis sem unidade mínima definida, há uma categoria conhecida na literatura como **falsos massivos**. Os falsos massivos são geralmente nomes de coletividade de indivíduos, ou de agregados, e, embora sejam cumulativos, não são homogêneos. Foi observado que algumas palavras com assinatura massiva (que não permitem contagem direta por numerais, nem morfema plural) licenciam preferencialmente leituras de quantidade cardinal, em vez da de volume. É o caso de *gente*, *mobília*, *criançada*, *bagagem* etc.

Como se vê, dividir os nomes em dois grupos parece insuficiente. Há muito mais diversidade: cinco tipos de SN foram descritos, como vemos no quadro-resumo.

QUADRO-RESUMO DAS NOVAS CLASSES NOMINAIS

TIPO DE NOME	EXEMPLOS	LEITURA PREFERIDA COMO NU SINGULAR	CARACTERÍSTICAS
Contável (com átomos naturais)	*carro, cadeira, gato*	cardinalidade	O nome aceita cardinal e plural (*os gatos*), mas o singular faz referência a um só indivíduo (*o gato*), e o plural, a 2 ou mais; uma parte componente (o rabo do gato) não pode ser chamada pelo mesmo nome.
Contável (sem átomo natural)	*cerca, corda, galho*	cardinalidade	Não há uma unidade natural determinada: uma parte componente (a metade de um galho bifurcado) recebe o mesmo nome (é também um galho).
Massivo de Substância	*arroz, ar, urina*	volume (é a única leitura obtida)	O nome não aceita cardinal nem plural (*3 arrozes*); qualquer quantidade pode receber o mesmo nome.
Falso Massivo ou nome de agregado	*mobília, gente, prataria*	cardinalidade	O nome não aceita cardinal nem plural (*3 gentes*), mas sua referência é uma coleção de unidades contáveis; uma parte da quantidade em componentes (metade das pessoas) poderia receber o mesmo nome.
Flexível	*chocolate, vidro, pano*	varia	O mesmo nome tem naturalmente interpretação de substância (o material de que é feita a telha) e de unidade natural (as azeitonas estão em *um vidro*).

Vimos que todos os nomes nus singulares do PB permitem leitura de volume, embora a interpretação de cardinalidade seja a preferida para os contáveis com átomos naturais; e que apenas os massivos de substância não permitem leitura de cardinalidade. A diferença entre os flexíveis, os contáveis com átomos naturais e os contáveis sem átomos aparece quando entram em sintagmas de determinante. Uma descrição definida como *o carro* (contendo nome contável com átomos naturais) é interpretada como uma unidade atômica de carro, e não há variação quanto à unidade a ser considerada; já uma descrição definida como *a corda* (contendo nome contável sem átomos naturais) é interpretada como uma unidade atômica de corda, mas tal unidade varia bastante, podendo ter 20 metros ou a metade desse tamanho, ou um décimo dele, ou ser cinco vezes maior. Quanto a descrições definidas com nomes flexíveis, como *o vidro*, elas podem ser interpretadas como o material constituinte de um objeto (*O vidro do copo é transparente*), uma leitura igual à de massivos de substância, ou como uma unidade atômica (*O vidro de maionese vazio foi reutilizado para guardar parafusos*).

5. SINTAGMAS DE DETERMINANTES

Vimos na seção "Nominais nus" que sintagmas determinantes (SD) são mais facilmente licenciados em posição argumental do que nomes nus. Mas há outros fatos que separam os nominais em classes semânticas distintas, além da presença/ausência de determinante expresso, e veremos alguns casos nesta seção. Recapitulando, vimos na seção "Predicação e composicionalidade" do capítulo anterior que, na tradição fregeana, dividimos uma sentença como *João saiu* em duas partes: um argumento (*João*) e um predicado (*saiu*). O argumento se refere à pessoa que atende por esse nome. O predicado é uma função que busca por um argumento. À primeira vista, as sentenças em (15) parecem ter a mesma estrutura, mas qual seria a referência de cada uma das palavras em destaque que estariam sendo usadas como argumentos?

(15) a. *Ninguém* saiu.

   b. *Alguém* saiu.

   c. *Todo mundo* saiu.

PARA CONHECER **Semântica**

As expressões sublinhadas não apontam para determinado indivíduo, como *João*, ou para certo grupo de indivíduos, como *os meninos*. Entendemos de (15a) que todas as pessoas que estavam ali antes continuam ali; de (15b) que, entre as pessoas que estavam ali, uma saiu; e de (15c) que, das pessoas que estavam ali, não sobrou ninguém que ainda esteja ali. Mas quem eram essas pessoas? O indivíduo João será o referente constante de todas as sentenças em que seu nome figure como argumento, e é sempre da mesma pessoa que estamos falando, por exemplo, em *João dormiu*, *João acordou*, *Maria ama João*, *João gosta de cerveja* etc. Mas sentenças como (15a-c), usadas em situações diversas, não apontam sempre para a mesma pessoa ou grupo de pessoas. Para ilustrar, digamos que você está no meio da aula dupla de inglês, com outros 11 colegas. Na hora do intervalo, é comum muita gente ir embora. Nesse contexto, se você diz (15a), você está dizendo que as 12 pessoas que estavam na sala antes do intervalo permanecem. Se você diz (15b), você está dizendo que um dos seus colegas foi embora no intervalo, restando 11 para a segunda parte da aula. Se diz (15c), já na rua, você indica que não ficou ninguém para a segunda parte: os 12 presentes antes do intervalo partiram. Se você usar essas mesmas sentenças já em outra situação, por exemplo, no meio da sessão de cinema em que você está com 48 pessoas na plateia, *ninguém*, *alguém* e *todo mundo* não vão ser mais entendidos como fazendo referência à sua turma de inglês, mas aos presentes na sala de cinema.

Além disso, sintagmas como *ninguém*, *alguém* e *todo mundo* possuem um comportamento diferente em sentenças que são contraditórias com nomes próprios, como mostram os exemplos em (16). As marcas *i* e *j* em subscrito indicam se os sintagmas possuem ou não o mesmo referente. Assim, (16a) é contraditória porque não podemos dizer que o indivíduo denotado pelo sintagma *João* (que tem o mesmo referente *i*) saiu e não saiu. Já (16b) não é contraditória porque em cada uma das orações o sintagma tem uma referência diferente.

(16) a. *João$_i$* saiu e *João$_i$* deixou de sair.   (contraditória)
    b. *Alguém$_i$* saiu e *alguém$_j$* deixou de sair. (não contraditória)

Da mesma forma, como o nome próprio mantém sua referência, encontramos uma diferença em estruturas de acarretamento como (17) e (18).

80

(17a) acarreta (17b) porque, se João saiu bem cedo, necessariamente ele saiu. Já (18a) não acarreta (18b) porque, mesmo que ninguém tenha saído cedo, alguém pode ter saído mais tarde.

(17) a. *João* saiu bem cedo.
    b. *João* saiu.
(18) a. *Ninguém* saiu bem cedo.
    b. *Ninguém* saiu.

Como podemos dar conta da diferença entre nomes próprios, que mantêm sua referência de uma situação para outra, e expressões que, além de não fazerem isso, parecem mais complexas, como *ninguém* (= pessoa nenhuma), *alguém* (= uma dentre as pessoas) e *todo mundo* (= o total de pessoas em certa situação)? A ideia é que não estamos diante de argumentos canônicos, mas de funções mais complexas, que tomam como argumentos funções mais simples, como o predicado verbal *saiu*. Em vez de argumentos, *ninguém*, *alguém* e *todo mundo* são **quantificadores** e possuem uma denotação mais abstrata. Veja as definições a seguir e observe como elas estão de acordo com nossa intuição sobre a semântica desses itens.

- *Ninguém* é uma função complexa que relaciona um conjunto de indivíduos com a função do predicado e retorna o valor "verdadeiro" caso o predicado não se aplique a nenhum dos indivíduos do conjunto considerado.
- *Alguém* é uma função que relaciona um conjunto de indivíduos com a função do predicado e retorna o valor "verdadeiro" caso o predicado se aplique a pelo menos um indivíduo do conjunto considerado.
- *Todo mundo* é uma função que relaciona um conjunto de indivíduos com a função do predicado e retorna o valor "verdadeiro" caso o predicado se aplique a cada um dos indivíduos do conjunto considerado.

Dessa forma, garantimos que a sentença *Alguém saiu* significa uma mesma coisa na aula e no cinema, precisando apenas determinar qual é conjunto de indivíduos considerado a cada situação. Você percebeu que cada um desses quantificadores expressa uma relação entre o conjunto das pessoas e o conjunto expresso pelo predicado *sair*. Uma maneira mais explícita de representar esse significado é desenhando conjuntos.

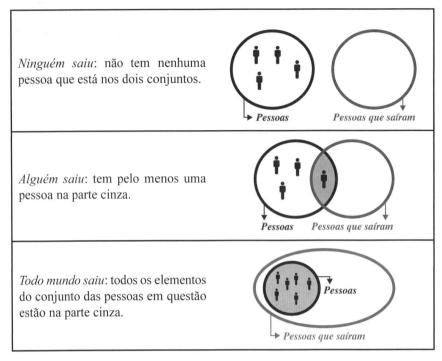

Vemos que essas expressões nominais, chamadas de **quantificadores generalizados** na literatura semântica, não designam um indivíduo particular, diferentemente de nomes próprios como *João*, mas produzem uma quantidade a cada uso. Essa propriedade levou a teoria a repensar o significado de sintagmas de determinantes, considerando que todos eles poderiam ser tratados de maneira uniforme. Vamos ver essa proposta na próxima seção.

5.1 Quantificadores generalizados

Vimos que os quantificadores *ninguém*, *alguém* e *todo mundo* podem ser tratados como relações entre categorias ou conjuntos. Vimos na seção "Predicação e composicionalidade" que predicados como *saiu* são tratados como funções e nomes próprios como *João* são argumentos dessas funções. Assim, quando dizemos que *João saiu*, estamos dizendo que o indivíduo João pertence ao conjunto das pessoas que saíram. Dessa forma, sintagmas quantificados e não quantificados fazem operações muito distintas. Vimos que não é possível tratar quantificadores como nomes próprios porque, diferentemente de *João*, sintagmas quantificados não se referem a ninguém específico, mas denotam operações mais abstratas. No entanto, é possível tratar nomes próprios de uma forma mais abstrata, semelhante à forma com que foram tratados os sintagmas quantificados. Podemos pensar que um nome próprio denota o único indivíduo na intersecção de todas as suas propriedades. Por exemplo, há diversos indivíduos do sexo masculino, escritores, que usam óculos, são casados, brasileiros e divertidos, mas só Luis Fernando Verissimo tem todas essas propriedades em conjunto com algumas outras, como a de ser filho de Érico Verissimo, ter nascido em 26 de setembro de 1936, ser autor de *O analista de Bagé* etc. Assim, podemos tratar um nome próprio como evocando todos os predicados cuja reunião torna único seu referente, ou seja, como um quantificador generalizado.

Barwise e Cooper (1981), em um trabalho considerado clássico na literatura semântica, propuseram que os determinantes se combinam a nomes comuns para formar quantificadores generalizados. Note que, para essa proposta, o que leva o nome de quantificador generalizado é o sintagma de determinante todo, tal como *Ninguém, João, os meninos*.

Um quantificador generalizado expressa uma relação entre dois predicados, um denotado pelo nome comum e outro pelo predicado sentencial, e explicita qual é a relação entre eles. Por exemplo, o quantificador/determinante *todo* pode tomar como argumento o núcleo nominal *aluno*, formando o quantificador generalizado *todo aluno*. Nesse ponto, ele verifica se, para cada indivíduo examinado no domínio, é verdade que esse indivíduo pertence ao conjunto dos alunos, determinando depois se estão na relação descrita pelo determinante (*todo*) com o conjunto denotado pelo predicado sentencial. No caso de *todo*, a relação que tornará verdadeira a sentença inteira é a de o conjunto denotado por *aluno* ser um subconjunto do conjunto denotado pelo predicado verbal. Assim, *Todo aluno saiu* será uma sentença verdadeira se o conjunto dos alunos for um subconjunto do conjunto dos x tal que x *saiu*. A relação estabelecida então é a seguinte: *todo(aluno)(saiu)*, que pode ser representada de forma abstrata da seguinte forma: D(SN)(SV). A estrutura arbórea a seguir demonstra essa relação.

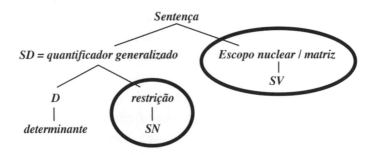

Vamos praticar a noção de relação entre conjuntos denotada por determinantes com o esquema a seguir. O time de futebol de várzea "O Glorioso" está completo e posicionado em campo.

Há 11 jogadores no total: um goleiro, dois laterais (um lateral esquerdo e um lateral direito), dois zagueiros (um central e um quarto zagueiro), dois volantes, um centroavante, um articulador e dois meias. Sete jogadores estão posicionados do lado esquerdo da linha do meio-campo, ou seja, do seu lado do

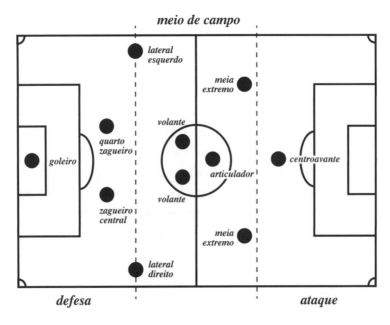

campo; quatro jogadores ficam do outro lado da linha, na metade do campo do time adversário. Alguns jogadores (três) ficam dentro do círculo central, e a maioria (oito), fora dele. Na nossa anotação, o conjunto N será o time, e o conjunto V será o conjunto dos indivíduos de que o predicado sentencial é verdadeiro. Marcamos a interseção entre os dois conjuntos entre barras paralelas para indicar a função que nos dá a cardinalidade dos elementos na interseção. Por exemplo, para *Todo o time está em campo*, temos |N∩V| = 11 (na interseção de N – o time – com V – *estar em campo* – há 11 elementos).

Veja outras formas de se fazer referência ao exemplo:

(19) a. *Um* jogador é goleiro.

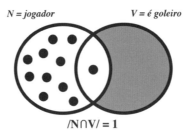

b. *Dois* jogadores são laterais.

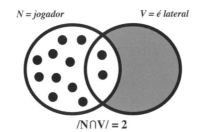

c. *Alguns* jogadores estão dentro do círculo central.

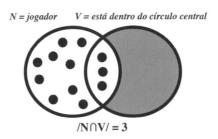

Vimos que os determinantes, segundo essa proposta, tomam como argumentos o nome comum e o sv, estabelecendo algum tipo de relação entre eles. Vimos que a cardinalidade atribuída aos participantes do evento ou situação é obtida pela contagem de indivíduos na interseção dos dois conjuntos. A aferição da cardinalidade é possível por conta das propriedades formais das relações entre conjuntos. Vimos que bastou examinar o conjunto referente ao predicado nominal, ou seja, a parte que está em branco; a parte cinzenta (que corresponde aos elementos de V que não fazem parte do N) não nos interessa. Na maior parte das vezes, é suficiente contar os elementos da interseção, como fizemos em (19) anteriormente.

No entanto, há quantificadores generalizados que não permitem aferir uma quantidade cardinal de indivíduos. Isso acontece com quantificadores generalizados que, além de determinarem uma relação entre o nome comum e o sintagma verbal que incide sobre o preenchimento da interseção de ambos os predicados, também incluem uma comparação entre a quantidade contida na interseção desses conjuntos e a quantidade de elementos do predicado nominal que fica de fora da interseção. Observe que o diagrama que vem a seguir descreve uma das situações que tornam verdadeiras as sentenças (20a), (20b) e (20c), porque 8 (o número de jogadores fora do círculo central) é maior que 3 (o número de jogadores dentro do círculo central):

(20) a. *A maior parte dos* jogadores está fora do círculo central.
b. *Mais da metade dos* jogadores está fora do círculo central.
c. *Muitos* jogadores estão fora do círculo central.

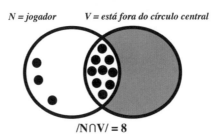

Como deve estar claro, não é preciso que haja exatamente 8 jogadores na interseção de N e V: outras situações, como, por exemplo, 7 jogadores fora do círculo central e 4 dentro, ou, ainda, 6 fora e 5 dentro, tornam verdadeiras as sentenças. Mas se houver menos jogadores dentro da interseção que fora dela, por exemplo, 7 dentro do círculo e 4 fora, as sentenças serão falsas. Mesmo se o número fosse igual (se um time tivesse apenas 10 jogadores, e, nessa hora, metade deles estivesse dentro e metade fora do círculo central), a sentença seria falsa. Esses quantificadores generalizados não exigem a existência de uma cardinalidade específica, invariável de elementos na interseção, mas exigem que se mantenha certa proporção entre os elementos do nome comum que estão dentro e fora da interseção. Isso nos leva a ter de verificar, além da interseção, o restante dos elementos de N, no caso de quantificadores generalizados proporcionais, como *a maioria de* e *mais da metade de*, comparando N-V (os elementos do conjunto denotado pelo predicado nominal que não são elementos do verbal) com N∩V (os elementos do conjunto denotado pelo predicado nominal que são também elementos do verbal). Em (20a), o número de jogadores fora do círculo central precisa ultrapassar o dos jogadores que estão dentro dele. A relação necessária pode ser expressa assim:

(21) A maior parte de (N)(V) ↔ (N-V) < (N∩V)

Os quantificadores generalizados não proporcionais não exigem essa comparação entre (N-V) e (N∩V). Para resolvermos a cardinalidade nos demais casos, bastou olharmos a intersecção, como fica claro nas fórmulas conjuntísticas:

(22) a. Todo (N)(V) ↔ N⊆V   (o conjunto do predicado nominal é um subconjunto do verbal)

b. Algum (N)(V) ↔ N∩V≠Ø   (a intersecção entre os conjuntos do predicado nominal e do verbal não é vazia)

c. Nenhum (N)(V) ↔ N∩V=Ø   (os conjuntos do predicado nominal e do verbal não têm nenhum elemento em comum)

Apesar dessas diferenças, todos os quantificadores generalizados apresentam certas propriedades que são universais.

5.1.1 PROPRIEDADES DOS QUANTIFICADORES GENERALIZADOS

Uma das propriedades de quantificadores generalizados é a conservatividade. Ela diz respeito ao fato de que a verificação da verdade de sentenças com argumento SD sempre nos leva a examinar o conjunto intersecção (N∩V). No caso de *algum*, isso basta; no caso de *a maioria de*, além disso, é

PARA CONHECER **Semântica**

preciso examinar também o conjunto denotado por (N-V). Mas não há quantificador generalizado nenhum que necessite do exame do conjunto denotado por (V-N). Não nos interessam os elementos de V que não são comuns a N. Essa parte estava destacada em cinza nas representações acima. Essa propriedade da necessidade de exame dos conjuntos N∩V e N-V, mas não V-N, é chamada de conservatividade, e uma das formas de representá-la é a seguinte:

(23) Uma relação R, entre dois conjuntos quaisquer, que chamaremos de A e B, será uma relação conservativa caso, sendo essa relação R mantida entre A e B, então essa mesma relação R seja mantida também entre A e sua intersecção com B (A∩B).

A teoria semântica adota o chamado universal da conservatividade, assumindo que, se determinada relação denotada pelo determinante se estabelecer entre N e V, ela também valerá entre N e (N∩V). Em palavras, podemos mostrar que os determinantes são conservativos da seguinte maneira:

> Um **universal** é uma propriedade encontrada em todas as línguas naturais. O da **conservatividade** é tido como válido para todos os determinantes, de qualquer língua natural. Observe o potencial de abstração e generalização de uma noção como essa, que está sendo ilustrada com dados do português brasileiro.

(24) a. Todo gaúcho toma mate.

b. Se todo gaúcho toma mate, então todo gaúcho é um gaúcho que toma mate.

(25) a. Algum brasileiro é carioca.

b. Se algum brasileiro é carioca, então algum brasileiro é um brasileiro que é carioca.

(26) a. Nenhum paulista é gaúcho.

b. Se nenhum paulista é gaúcho, então nenhum paulista é um paulista que é gaúcho.

A afirmação de que todos os determinantes são conservativos parece se sustentar. No entanto, a sentença (27a) parece ser um contraexemplo. Veja:

(27) a. Só homem fala palavrão.

b. Só homem é homem que fala palavrão.

O diagrama ao lado parece representar igualmente bem tanto (24a) quanto (27a). No primeiro caso, V representa os tomadores de mate e N os gaúchos; no segundo, V são os faladores de palavrão e N são os homens. Porém, definitivamente, (27b) não significa o mesmo que (27a). O que (27a) diz é que quem não é homem não fala palavrão; já (27b) diz que homens que falam palavrão são homens, uma trivialidade. Será que

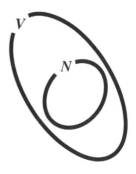

isso significa que não poderemos sustentar o universal da conservatividade? Sim, se *só* fosse um determinante, o exemplo com *só* derrubaria o universal que diz que todo determinante é conservativo. No entanto, *só* não é um bom exemplo para contradizer o universal, porque não é um determinante. Veja os exemplos:

(28) a. *Só* o vizinho gosta da vizinha.
b. O vizinho *só* gosta da vizinha.
c. O vizinho gosta *só* da vizinha.
d. O vizinho gosta da vizinha *só*.

As sentenças em (28) não significam a mesma coisa: (28a) diz que mais ninguém, além do vizinho, gosta da vizinha; (28b) pode ser interpretado como dizendo que o vizinho apenas gosta da vizinha, não sentindo por ela nada mais forte: ele não a ama, não está apaixonado por ela; (28c) diz que o vizinho não gosta de mais ninguém, a não ser da vizinha; e (28d), que o vizinho gosta de encontrar a vizinha sozinha. Vemos que a interpretação muda conforme o material à direita de *só*: esse é o material que *só* modifica. Esse passeio de *só* pela sentença não é um comportamento típico de determinantes. Tanto que, se substituirmos *só* por *todo*, as sentenças em (28) ficaram estranhas. *Só* também se distancia dos determinantes por não fazer concordância de número nem de gênero e por poder combinar-se a categorias que não são nominais, como o SV *gosta da vizinha* em (28b) e o sintagma preposicional *da vizinha* em (28c). Assim, vemos que *só* é um modificador adverbial de exclusão, e não um determinante. Dessa forma, podemos concluir que o universal da conservatividade não foi derrubado pelo exemplo em (27).

5.2 Quantificadores fortes e fracos

Esta seção se dedica a apresentar a distinção dos quantificadores entre fortes e fracos. Como se verá mais adiante, essa distinção revela propriedades gramaticais relevantes para a distribuição dos SD em língua portuguesa. Vimos anteriormente que existem quantificadores pressuposicionais, ou seja, quantificadores que, para serem empregados naturalmente, com felicidade, requerem que o domínio apresente certa quantidade pré-definida de objetos daquela natureza. É o caso do artigo definido, do qual já falamos. Para obtermos a soma máxima de entidades na situação examinada é preciso que existam entidades daquele tipo na situação. A sentença *Um gato está em cima da árvore* soaria estranha se dita numa situação em que não há árvore nenhuma, ou em que quatro árvores estão em evidência na situação. Para os quantificadores pressuposicionais, o domínio, considerado segundo as condições do determinante, não pode estar vazio. Em outras palavras, o uso adequado requer a satisfação das condições pressupostas. Não diríamos *Ambos os livros são muito bons* se não houvesse exatamente dois livros em destaque. Com qualquer número de livros diferente de dois, com um só ou com três, por exemplo, o emprego de *ambos* seria infeliz. No caso de *ambos*, é preciso que haja dois indivíduos na situação; no caso de *a*, que haja exatamente um indivíduo. Vimos que *muito* é um determinante reflexivo, não pressuposicional, pois não requer uma quantidade exata e rigorosa de indivíduos.

Uma estrutura observada em várias línguas, que contrasta com o uso pressuposicional visto anteriormente, é a construção existencial ou apresentacional, que consiste num verbo (*haver, existir, ter*) seguido de um SD ou NN, e de um sintagma preposicional que indica um lugar ou situação em que o referente do nominal apresentado ao ouvinte está localizado. Todos os NN (o plural e o singular) podem entrar nessa construção, mas nem todo SD é adequado nessas sentenças. Imagine que alguém está respondendo à pergunta *Por que você parou de comer?* da seguinte forma:

(29) a. Tem uma mosca na minha sopa.

b. Tem duas moscas na minha sopa.

c. Tem alguma(s) mosca(s) na minha sopa.

d. Tem muito alho na minha sopa.

e. Tem pouco alho na minha sopa.

f. Tem qualquer coisa de estranho na minha sopa.

g. #Tem toda mosca na minha sopa.

h. #Tem a mosca na minha sopa.

i. #Tem ambas as moscas na minha sopa.

j. #Tem todas as moscas na minha sopa.

k. #Tem cada mosca num lado do meu prato de sopa.

l. #Tem a maioria das moscas na minha sopa.

m.#Tem nenhuma mosca na minha sopa.

Os determinantes que soam naturais nesse contexto são chamados de fracos (29a-f) e os que soam estranho são chamados de fortes (29g-m). Os SD que não ficam bem em existenciais são os irreflexivos ou pressuposicionais. No caso de *nenhum* (29m), um problema adicional é o licenciamento desse item negativo, que, após o verbo, exige estar sob o escopo da negação, como vemos em *Não tem nenhuma mosca na minha sopa*. Se esse quantificador vier na posição de sujeito, com em *Nenhuma mosca está na minha sopa*, também não há problema. Mas a construção existencial afirmativa requer que o sintagma quantificador (SQ) fique após o verbo, e nessas construções (*Há nenhuma mosca na minha sopa*), *nenhum* não é licenciado.

5.3 (In)definitude

Vimos que os nomes próprios se distinguem de alguns sintagmas de determinante quanto à variabilidade do referente. Se um nominal tem um referente fixo, invariável, esse referente não pode ocupar dois lugares ao mesmo tempo. Por isso, tanto o par de sentenças *Belo Horizonte fica em Minas Gerais* e *Belo Horizonte não fica em Minas Gerais* quanto o par de sentenças *Belo Horizonte fica em Minas Gerais* e *Belo Horizonte fica em Mato Grosso* são contraditórios: o referente do nome próprio *Belo Horizonte* não pode estar simultaneamente em dois lugares. Agora observe o que acontece quando substituímos o nome próprio por sintagmas de determinante.

PARA CONHECER **Semântica**

(30) a. A capital mineira fica em Minas Gerais e a capital mineira fica em Mato Grosso.

b. Toda cidade mineira fica em Minas Gerais e toda cidade mineira fica em Mato Grosso.

c. Por falar em Uberlândia e Uberaba, ambas as cidades ficam em Minas Gerais e ambas as cidades ficam em Mato Grosso.

(31) a. Uma capital fica em Minas Gerais e uma capital fica em Mato Grosso.

b. Muitas cidades ficam em Minas Gerais e muitas cidades ficam em Mato Grosso.

c. Dez cidades ficam em Minas Gerais e dez cidades ficam em Mato Grosso.

Você notou que os exemplos com SD em (30) são tão contraditórios quanto aquele que vimos com um nome próprio como sujeito? E você percebeu que os exemplos com SD em (31) não são contraditórios? Isso ocorre porque os SD que aparecem em (30) têm referência fixa, invariável; as duas menções de *a capital mineira*, *toda cidade mineira* e *ambas as cidades* são interpretadas como denotando um mesmo objeto; já os SD de (31) podem ser interpretados a cada aparição na sentença com uma referência diferente. Assim, podemos entender de (31a) que uma capital está em Minas e outra em Mato Grosso; de (31b), que há um bom número de cidades em cada estado; e que estamos falando em (31c) de 20 cidades distintas ao todo, metade delas localizada em Minas e metade fora de Minas. Os determinantes de referência fixa são chamados de definidos; os de referência variável, de indefinidos. Quanto à manutenção da referência, os definidos se comportam como os nomes próprios. Mas veja o que acontece na retomada anafórica entre sentenças separadas:

(32) a. *Félix$_i$* ficou trancado no banheiro. *Ele$_i$* miava muito.

b. *Um gato$_i$* ficou trancado no banheiro. *Ele$_i$* miava muito.

c. #*Cada gato$_i$* ficou trancado num cômodo. *Ele$_i$* miava muito.

d. #*Nenhum gato$_i$* ficou trancado no banheiro. *Ele$_i$* miava muito.

Nesse caso, *um* (32b) se comporta como o nome próprio *Félix* (32a), permitindo que ele, na segunda sentença, retome a referência do SD. Já a retomada do referente dos quantificadores generalizados *cada gato* (32c) e *nenhum gato* (32d) por *ele* (singular) é bloqueada. No caso de *cada gato*, porque o referente é uma pluralidade, e no caso de *nenhum gato*, porque não se pode recuperar um referente inexistente. Esse contraste já mostra que o determinante *um* é bastante peculiar. Há, ainda, um tipo de contexto de anáfora complexa em que sua interpretação se aproxima mais da do quantificador generalizado *todo*. Veja:

> **Retomada anafórica** diz respeito à manutenção do referente apresentado anteriormente. Um dos mecanismos clássicos de retomada desse tipo é o pronome. Comumente, em Linguística, utilizamos um subscrito *i, j* para representar a conservação do referente.

(33) a. *Todo* fazendeiro que tem um burrinho bate nele.

b. Se *um* fazendeiro tem um burrinho, sempre bate nele.

Repare que (33a) e (33b) são sinônimas, mas na primeira sentença temos *todo* e, na segunda, *um*. Como o mesmo indefinido pode ser interpretado como um universal numa sentença (33b) e como um existencial em outra (32b)? Em (32b), *um* dizia que existia certo gato trancado no banheiro; em (33b), quer dizer que todo e qualquer fazendeiro dono de burrinho se comporta desse jeito. Mas em (33) não é qualquer fazendeiro que espanca burrinhos, nem qualquer burrinho que apanha: cada fazendeiro bate no burrinho que possui, ninguém bate no burrinho do vizinho. Essas são anáforas complexas, e tanto distributivos como *cada* e *todo* quanto o indefinido *um* podem formá-las. Esse exemplo mostra uma variabilidade de interpretação do indefinido *um* em estruturas específicas, como o antecedente de um condicional em (33b). Há, ainda, casos em que *um* está ao alcance de mais de um operador, o que permite que a sentença seja ambígua. Observe:

(34) a. Maria quer se casar com *um artista* de cinema.

b. *Um brasileiro* gosta de dançar funk.

Na leitura existencial, (34a) informa, por exemplo, que Maria Odeon, atriz, está de casamento marcado com Renan Torres, o galã daquele último filme nacional. Na outra leitura, Maria pode ser uma menina de 5 anos, que não conhece nenhum ator pessoalmente, mas acha lindos os protagonistas das novelas e sonha em estar casada com um ator famoso qualquer quando crescer. Paralelamente, (34b), na leitura existencial, diz que existe um brasileiro, por exemplo, o Zé das Couves, que gosta de dançar ao ritmo do funk; na leitura universal, a mesma sentença diz que todo e qualquer brasileiro aprecia esse ritmo.

Essa variabilidade na leitura levou à proposta de que os sintagmas indefinidos como *um artista* e *um brasileiro* não são inerentemente existenciais. Eles não têm força quantificacional própria. O artigo indefinido combinado a um nome comum não é tratado como um quantificador generalizado nessa visão, mas como um recurso para introduzir um referente novo no discurso. A sua força aparente vem de fora, do contexto, daí a sua variabilidade. A expressão indefinida depende do discurso anterior (leitura anafórica, dependente de informação dada) ou do contexto (primeira menção do referente).

A abordagem que trata dos indefinidos como sintagmas sem força quantificacional própria é conhecida como a Teoria da Representação no Discurso (DRT, em inglês) ou Semântica Dinâmica (de atualização de arquivos). Seus expoentes são, respectivamente, Hans Kamp e Irene Heim. Segundo essa abordagem, o ouvinte vai construindo uma representação mental do discurso à medida que ele se desdobra, sempre acrescentando novas informações às que já tinha. É como se os referentes recebessem fichas catalográficas, do tipo do nosso prontuário médico, ou um documento no computador. Ao ouvir pela primeira vez falar sobre um referente, uma ficha é aberta no seu nome. A cada vez que uma nova informação sobre o tal referente aparece, ela é acrescida à ficha e o documento é atualizado. Qualquer objeto saliente no discurso pode servir de antecedente a um pronome. As regras discursivas são: para cada indefinido, abra um novo arquivo; para cada definido, atualize as informações armazenadas nos arquivos abertos. Assim, os artigos indefinidos indicam novidade/primeira menção do referente, e os definidos, familiaridade com esse referente discursivo. A retomada de um referente por anáfora pressupõe que ele já seja familiar, por estar saliente na situação ou por já ter sido mencionado. Isso pode ser observado em qualquer conversação, ou nas narrativas. A título de exemplo, observe na forma de que tipo de SD o referente em itálico aparece pela primeira vez, e como ele reaparece quando é mencionado de novo.

A LENDA DA MANDIOCA

Era uma vez *uma linda indiazinha*$_i$ chamada Mani. *A indiazinha*$_i$ morreu criança, deixando todos tristes. O corpo d*a indiazinha*$_i$ foi sepultado em sua própria oca, segundo a tradição do seu povo. Todos os dias, a aldeia chorava sobre sua cova. Ali cresceu *uma planta*$_j$ desconhecida. *A planta*$_j$ era um presente do deus Tupã. O corpo da menina se transformou para alimentar sua tribo. Como *essa raiz*$_j$ nasceu dentro da oca de Mani, ganhou o nome de Manioca, ou mandioca.

Você deve ter percebido que aparece um SD indefinido na primeira vez, e aparecem SD definidos nas seguintes. Já falamos que os indefinidos podem ser considerados sintagmas sem força quantificacional própria, que introduzem novos referentes no discurso, mas e quanto aos definidos? Há duas abordagens clássicas concorrentes sobre o artigo definido. Russell (1905) trata uma descrição definida como *a indiazinha* como um quantificador generalizado pressuposicional. Há certas condições que regem o emprego de um SD definido como esse: a de que o referente da descrição definida exista (pressuposição de existência), e a de que seja o único elemento com as propriedades dos dois conjuntos (na interseção de ambos) na situação examinada (pressuposição de unicidade). Frege (1892), por outro lado, entendia que o artigo definido tomava um conjunto unitário como argumento e devolvia o indivíduo (singular ou plural) que é o único elemento desse conjunto. Também na análise de Frege, o artigo definido tem pressuposição de existência e de unicidade.

Em uma abordagem mereológica, como a de Link (1983), vista na seção "A semântica do plural", o artigo definido seleciona sempre o supremo, ou seja, a maior soma existente no domínio recortado. O artigo definido plural escolhe o maior conjunto de indivíduos existente no recorte do domínio contável, que vai ser a pluralidade máxima à disposição.

PARA CONHECER Semântica

Em todas as línguas naturais com SD definidos e indefinidos, o definido é o marcado, no sentido de que o falante, ao usá-lo, está comprometido com uma porção de informações que assume como certas e também sabidas pelo seu ouvinte: a de que existe o referente da descrição definida, a de que só existe aquele elemento do predicado nominal na situação relevante e a de que os ouvintes já estavam familiarizados com esse referente. Se essas condições não forem satisfeitas, é mais apropriado usar o indefinido. O indefinido também pode ser usado em situações em que o referente exista, seja único e familiar. Mas o indefinido não é licenciado exclusivamente nessas condições, podendo ser usado nessas e em outras. Por isso o definido é o mais marcado: sua distribuição é mais restrita. Os falantes de PB levam isso em conta inconscientemente para decidir qual SD usar.

5.4 Escopo de quantificadores

Vimos que os sintagmas nominais não são todos iguais. Há nomes próprios e quantificadores generalizados. Além de o PB ter nomes nus, tanto plural como singular, tem vários tipos de determinantes. Mesmo uma classe muito pequena, como a dos quantificadores universais, *todo* e *cada*, apresenta muita diferença entre si. Não podemos trocá-los nas sentenças *Todos pensam da mesma forma* e *Cada um pensa de um jeito*, porque *todos* permite as leituras coletiva e distributiva, mas *cada* só permite a

> Leituras coletivas são aquelas em que o predicado se aplica ao argumento como um todo. Por exemplo, em *As pombas são numerosas na cidade*, ser numeroso não é uma propriedade de cada uma das pombas, mas do conjunto delas. Leituras distributivas exigem que cada indivíduo denotado pelo argumento tenha a propriedade do predicado. Por exemplo, em *As pombas são brancas*, ser dessa cor é uma propriedade encontrada individualmente.

distributiva. Nas sentenças em (35), vemos que a ideia de que diversos indivíduos tomam parte numa ação coletiva, como *entrar em acordo*, pode ser expressa com *todo* (35a), mas não com *cada* (35b), porque não faz sentido distribuir o predicado *concorda* para cada membro do argumento. Veja a diferença com as sentenças (35c-d), cujo predicado pode ser atribuído tanto coletivamente quanto distributivamente.

(35) a. *Todos* concordam.

    b. *Cada um concorda.

    c. *Todos* os vizinhos compraram uma geladeira.

    d. *Cada* vizinho comprou uma geladeira.

A sentença (35c) tem duas interpretações: ou cada um dos vizinhos adquiriu sua própria geladeira, e cada um tem a sua, ou todos se cotizaram para comprar uma única geladeira. Já a sentença (35d) tem uma leitura só, a distributiva: se são 5 os vizinhos, então serão 5 as geladeiras. A ambiguidade notada em (35c) é resultado da diferença no que chamamos de escopo de quantificadores. Temos dois determinantes na sentença, *todos* e *um*. Na ordem visível, *todos* é um constituinte mais alto que *um*, pois está mais à esquerda, e, assim, tem escopo sobre *um*, gerando a leitura de que, a cada elemento do conjunto dos vizinhos, corresponde uma geladeira. Mas o determinante mais à direita na sintaxe visível pode se mover cobertamente, assumindo uma posição mais alta que o outro, apesar de isso não aparecer na ordem da sentença tal como pronunciada. Com esse movimento coberto, *um* tem escopo sobre *todos*, e a interpretação é a de que existe uma geladeira que todos os vizinhos compraram. A interface sintaxe-semântica explica por que sentenças com dois determinantes, ou com um determinante e um operador como a negação, apresentam duas interpretações. Vejamos mais alguns exemplos:

(36) a. 2 alunos leram 7 livros.

    b. Toda seta atingiu um alvo.

    c. Muitos homens têm vários filmes favoritos.

Você já anotou mentalmente a duplicidade de sentido nessas sentenças? Para (36a), uma interpretação, em que **2** tem escopo sobre **7**, é a de que cada membro da dupla de alunos, leu, sozinho, 7 títulos; a outra leitura, em que **7** tem escopo sobre **2**, é a de que a dupla leu os 7 livros em conjunto: somando, por exemplo, os 3 livros que o primeiro aluno leu aos 4 livros lidos pelo segundo, obtemos um total de 7. A sentença (36b), com *todo* tendo escopo sobre *um*, significa que cada seta atingiu seu próprio alvo; já com *um* tendo escopo sobre *todo*, a sentença diz que determinado alvo foi atingido por todas as setas. Já (36c), numa leitura, estabelece o fato de que é comum haver vários filmes favoritos, ou seja, muita gente gostar simultaneamente de um punhado de filmes, e cada homem pode ter sua própria lista de favoritos, detestando os filmes que os outros preferem; na leitura de escopo invertido, com *vários* na frente de *muitos*, a sentença diz que existe uma lista com vários filmes que foram eleitos os mais apreciados na opinião de muitos.

Apresentamos neste capítulo um breve resumo do que já se sabe sobre os nominais; parece bastante coisa, mas há ainda muito por investigar. Os nominais merecem tanta atenção? A semanticista Barbara Partee (2012: 127) reponde:

> Não surpreende que a quantificação tenha sido um dos primeiros tópicos explorados conjuntamente por linguistas, lógicos e filósofos. Surpresa mesmo é que, mesmo após a Semântica Formal ter expandido seu alcance por vastos territórios da linguagem, a pesquisa sobre quantificação ainda continuar a ser um tópico ativo e inovador.

Apesar de as questões por aprofundar não serem poucas, iniciamos o nosso leitor em uma série de fenômenos, como a distinção massivo-contável, as diferenças gramaticais entre um nome nu e um sintagma de determinante, a operação semântica de plural e o escopo de quantificadores. Você agora já deve ser capaz de identificar determinantes fortes e fracos, definidos e indefinidos, proporcionais e quantificacionais etc. Revisamos também nossa teoria composicional, examinando os motivos para assumir que quantificadores generalizados tomam o SV como argumento, em vez de serem argumentos dele. No próximo capítulo, vamos olhar mais de perto para o sintagma verbal.

Leituras complementares

Uma leitura, em português, que oferece uma noção sobre as **propriedades semânticas dos nominais** é o texto de Ana Müller, "A semântica do sintagma nominal", do livro *Semântica formal*, publicado pela Contexto em 2003.

Para aprofundar seu estudo sobre a distinção **contável-massivo** e a **semântica de plural**, sugerimos dois textos clássicos: "The Logical Analysis of Plurals and Mass Terms: A Lattice-Theoretical Approach", de Godehard

Link, publicado no livro *Meaning, Use, and Interpretation of Language*, em 1983; e "Reference to Kinds across Languages", de Genaro Chierchia, artigo que saiu na *Natural Language Semantics* em 1998. É a partir desses textos que a teoria semântica avançou na análise dos nominais nas línguas naturais.

Para saber mais sobre a proposta dos **quantificadores generalizados**, a leitura seminal é a do artigo de Barwise e Cooper "Generalized Quantifiers and Natural Language", publicado na *Linguistics and Philosophy* em 1981.

A proposta de Irene Heim para os indefinidos como sintagmas sem força quantificacional própria foi publicada em sua tese, de 1982, *The Semantics of Definite and Indefinite Noun Phrases*, e é uma das mais influentes na teoria semântica atual. Essa é uma leitura fundamental para quem quer se aprofundar no estudo dos **sintagmas de determinante**.

Exercícios

1. Represente com dois conjuntos as seguintes sentenças:

   a. Pelé não marcou nenhum gol pelo Santos nos últimos quatro jogos.

   b. Nada me agrada nesta loja.

   c. Você disse tudo. Nada a acrescentar.

   d. Ninguém votou no Dr. Fulano.

   e. Tem algo errado com o carro.

   f. Está tudo errado nesta prova.

   g. Ninguém conseguia dormir às vésperas da viagem.

   h. Você disse que todo mundo já estava na sala de reuniões, mas lá não tinha ninguém.

   i. Não almoço mais nesse restaurante. Algo me fez mal.

   j. Pisei em algo.

2. Na seguinte notícia, publicada no *Jornal do Brasil* de 21 de novembro de 2017, circule os SD e classifique cada um como definido ou indefinido. Em seguida, explique por que o autor da matéria optou por um SD definido/indefinido a cada passagem, utilizando as noções de existência, unicidade e familiaridade.

PARA CONHECER **Semântica**

> Um quadro do pintor metafísico italiano Giorgio de Chirico (1888-1978) foi roubado do Museu de Belas Artes de Béziers, no sul da França. A pintura "Composição com autorretrato", de 1926, pertencia à coleção de Jean Moulin, figura histórica da Resistência Francesa na Segunda Guerra Mundial, e, segundo especialistas, possui "valor inestimável". O crime ocorreu no último dia 16 de novembro, mas foi divulgado apenas nesta terça-feira (21). Na hora do fechamento do museu, que não tem câmeras de vigilância, funcionários se depararam com a moldura do quadro vazia. "As primeiras investigações apontam que a tela foi removida com um estilete", diz uma nota da Prefeitura de Béziers.
>
> Disponível em: <http://www.jb.com.br/internacional/noticias/2017/11/21/quadro-do-italiano-giorgio-de-chirico-e-roubado-na-franca>. Acesso em: 9 abr. 2018.

3. Observe o fenômeno apresentado nos dados em (a) e (b); a seguir, descreva e explique o contraste que eles ilustram.

   a. O Grêmio/o meu time do coração/um time entrou em campo ontem às 16h. Ele venceu o jogo.

   b. Toda mulher/nenhuma mulher/mais de uma mulher defende os filhos. *Ela ficou muito brava.

4. Se eu tenho um rolo de corda de 10 metros, e corto três pedaços de corda de 2 metros cada, tanto o rolo quanto cada um dos pedaços obtidos podem ser chamados de "corda". Posso também dizer que tenho três cordas, além do que sobrou do rolo de corda. Comente esse fato, argumentando contra a separação binária dos nomes em massivos *versus* contáveis. Use os conceitos de cumulatividade, divisibilidade e as propriedades de assinatura dos nomes contáveis.

5. Explicite duas leituras possíveis para cada uma dessas sentenças e explique como elas são produzidas:

   a. João não comeu carne três vezes neste mês.

   b. Diversos homens amam poucas mulheres.

   c. Todos detestam um menino chorão.

O SINTAGMA VERBAL

Objetivo geral do capítulo:

◯ Apresentar as noções semânticas fundamentais associadas aos predicados verbais da língua portuguesa e relacionadas à seleção argumental e à marcação de tempo, aspecto, modalidade e modo.

Objetivos de cada seção:

◯ *Seleção de argumentos*: apresentaremos a relação entre semântica lexical e a grade temática, indicando sua pertinência para os estudos sintáticos e discutindo essa noção também em verbos impessoais e existenciais;

◯ *Diátese e papéis temáticos*: mostraremos as possibilidades de diátese dos verbos do português, apontando sua relação com a semântica;

◯ *Impessoalidade, verbos existenciais e composicionalidade*: discutiremos a relação entre verbos impessoais e existenciais e a seleção de argumentos e a composição sentencial;

◯ *O argumento evento*: introduziremos a proposta de que um dos argumentos selecionados pelos verbos é um argumento de eventualidade;

◯ *Tempo*: trataremos da noção de tempo linguístico e tempo cronológico, analisando a marcação do tempo em português;

◯ *Aspecto:* introduziremos as noções de aspecto gramatical – (im)perfectividade – e lexical – classes acionais – e sua pertinência para a investigação dos tempos verbais do português e para a distribuição de adjuntos preposicionados;

◯ *Modalidade e modo*: introduziremos a noção de modalidade, discutindo sua expressão em língua portuguesa, e apresentaremos a sua relação com a noção de modo verbal, aplicada ao paradigma verbal do português.

PARA CONHECER Semântica

Nos capítulos anteriores, vimos que, em uma sentença, temos pelo menos dois tipos de constituintes: argumentos e predicados. O predicado determina algumas características que seus argumentos devem satisfazer, e cada predicado precisa de certo número de argumentos. Assim, em *Sócrates é mortal*, *mortal* seleciona um só argumento: *Sócrates*. O verbo *ser* é apenas o suporte da flexão. A seleção semântica de *mortal* pede um ser vivo, e a de *valioso*, algo que tenha algum valor. Daí não podermos ter #*O ouro é mortal*, mas *O ouro é valioso*, sim, pois esse nominal atende à s-seleção do predicado. Para saturar determinados predicados, não basta um só argumento: em *Érico Verissimo é pai de Luis Fernando*, o predicado nominal *pai* s-seleciona dois argumentos, o progenitor, *Érico Verissimo*, e o filho, *Luis Fernando*. Os argumentos têm que se referir a entidades nascidas, tal que uma gerou a outra. O verbo *ser* carrega a flexão, e a preposição *de* está presente para resolver a atribuição de caso na sintaxe. Além de predicados da categoria nominal, como *mortal* e *pai*, há os da categoria verbal. Veremos neste capítulo como eles se comportam.

> Vimos o conceito de **seleção semântica** no primeiro capítulo.

1. SELEÇÃO DE ARGUMENTOS

Vimos que os predicados aplicam critérios semânticos na seleção de seus argumentos. Desrespeitar essa exigência semântica, seja de predicados nominais ou verbais, cria anomalias semânticas. Veja as sentenças a seguir:

(1) a. O leite derramou.
   b. #A pedra derramou.
   c. #O leite está triste.
   d. #A pedra está triste.
   e. O menino está triste.

O predicado verbal *derramar* seleciona argumentos líquidos (daí a estranheza de (1b)); e o predicado nominal *triste* (de novo, *estar* é apenas o suporte de tempo e aspecto, mas não s-seleciona nada) seleciona seres autoconscientes, capazes de se emocionar, o que explica a estranheza de (1c) e (1d).

Também não é possível dar a um predicador mais ou menos argumentos do que o número que ele exige. Isso resulta em agramaticalidade. Veja:

(2) a. O leite derramou.
     b. *O leite derramou a mesa.
     c. *?? Foi derramado. (dito fora de contexto)

O número de argumentos selecionados por predicados verbais varia. Há verbos, por exemplo, que não tomam argumentos, como *ventar* ou *trovejar*. Outros verbos, como *dormir* e *chegar*, selecionam um único argumento, respectivamente, quem dorme e aquilo/aquele que chega. Alguns, como *comprar* e *visitar*, tomam dois argumentos: o comprador e o objeto da compra, no primeiro caso, e o visitante e o visitado, no segundo. Há ainda verbos com três argumentos, como *pôr*, em *João pôs a chave no bolso*, que pede (i) um objeto movido (*a chave*), (ii) alguém que move esse objeto (*João*) e (iii) o local de destino (*o bolso*). Mas será que precisaríamos de uma lista de tipos específicos de argumento para cada verbo? Considerar tantos tipos diferentes de argumento parece ir contra a ideia central da teoria abordada neste livro, que busca descrever o conhecimento semântico dos falantes de uma língua de forma abstrata, econômica e lógica. Lembre-se da discussão do primeiro capítulo, sobre os objetivos da Semântica Formal. Vamos, então, tentar considerar mecanismos mais gerais, que possam facilitar a interpretação dos argumentos.

A posição sintática, por exemplo, é um fator importante, porque a ordem sentencial gera interpretações diferentes em línguas como o português. Por exemplo, *O cachorro assustou o gato* não é a mesma coisa que *O gato assustou o cachorro*: no primeiro caso, quem dá o susto é o cachorro, e, no segundo, é o gato. E como o falante sabe disso? Em português, quem faz, ou, no caso, assusta, é o argumento que vem antes do verbo, ou seja, o que está em posição de sujeito. O argumento em posição de complemento é interpretado como o afetado, aquele que sofre o susto.

Bem, sabemos que, quando o verbo tem um único argumento, ele será inescapavelmente o sujeito. Mas e quando o verbo seleciona vários argumentos, como nossa gramática decide qual será promovido à posição de sujeito? Várias teorias linguísticas enfrentam esse problema propondo regras que relacionam a posição sintática do argumento com as interpretações que ele recebe.

1.1 Diátese e papéis temáticos

Sabemos que um mesmo fato pode ser contado de perspectivas diversas, com ênfase em um ou outro de seus aspectos, e as línguas naturais oferecem um recurso para isso: a diátese, que comumente conhecemos como "voz do verbo". Para apresentar um acontecimento ou eventualidade, o falante de português pode escolher uma entre três vozes verbais: a voz ativa (3a), a voz passiva (3b) ou a voz média (3c). Veja os seguintes exemplos:

(3)   a. *O churrasqueiro$_1$ assou$_0$ a picanha$_2$*
      b. *A picanha$_2$ foi assada$_0$ pelo churrasqueiro$_1$*
      c. *A picanha$_2$ assou$_0$*

Observe que o fato básico descrito permanece o mesmo em qualquer voz: um determinado corte de carne de certo tamanho e qualidade passa do estado de cru para o de assado. É indispensável para construir uma narrativa mínima dessa cena ter um sintagma de determinante (SD) que nomeie aquilo que mudou de estado por conta desse processo (*a picanha*, que aparece em todas as sentenças com o índice $_2$) e um verbo para descrever a mudança de estado (*assar*, que aparece em todas as sentenças com o índice $_0$). Podemos também nomear o responsável por essa mudança de estado: o agente (quem agiu deliberadamente para obter esse efeito), no caso, *o churrasqueiro*, que aparece com o índice $_1$ nas sentenças (3a,b). Esse SD é o diferencial das três vozes: ele não pode ocorrer em sentenças como (3c) (**A picanha assou pelo churrasqueiro*), é opcional em (3b) (basta dizer *A picanha foi assada*) e é indispensável em (3a) (**ØAssou a picanha* – estranha, quando dita sem um contexto prévio que permita recuperar a referência do vazio).

Você pode observar que a voz ativa é aquela que vem tanto com o agente da mudança quanto com o afetado (aquele que mudou) expressos. Na voz passiva, a prioridade é informar quem passou pela mudança de estado e qual foi essa mudança, o que resulta na opcionalidade do agente da mudança. Dessa propriedade vem a ideia corrente de que a voz passiva é um mecanismo utilizado por redatores para esconder os culpados ou responsáveis por um acontecimento. Ela é muito usada quando, como se diz, quer-se contar o milagre sem mencionar o santo, ou quando o acontecimento é prejudicial ou condenável. Veja as manchetes reproduzidas a seguir. No primeiro caso, o interesse maior é apresentar a causa curiosa da expulsão do que seu agente. No segundo, como frequentemente acontece, um estupro é relatado sem agente, como se o evento não fosse da responsabilidade de ninguém.

> Aluno é expulso por causa do chulé
>
> Jovem é estuprada no quintal de casa no Tarcísio Mirando, em Campos

A voz média, por sua vez, conta um fato como se ele se desenrolasse sozinho, focando a mudança de estado em vez de dar atenção a quem a sofre ou a provoca; daí não ser possível incluir o causador/agente.

Há testes específicos para identificar cada uma dessas vozes. O exemplo na voz ativa (3a) é a única resposta possível para *O que o churrasqueiro fez?*; o exemplo na voz passiva (3b) é a melhor resposta para *O que foi feito com a picanha?*; e o exemplo na voz média (3c) é a resposta ideal para *O que aconteceu?*.

Observe também que cada um dos SD argumentais no paradigma em (3) conserva um mesmo e único papel na cena, em todas as suas aparições: *a picanha* é sempre aquilo que foi assado, e *o churrasqueiro* é sempre quem fez a picanha assar. Dizemos que os argumentos desempenham certos papéis fixos, como numa peça de teatro; cada argumento mantém seu papel temático ou papel-θ (papel *theta*, nome da letra grega θ) nas três sentenças, seja qual for a voz verbal. O que distingue uma sentença da outra em (3) é a função sintática que os SD exercem. O SD com índice $_1$ é o sujeito em (3a), mas é o agente da passiva em (3b); já o SD com índice $_2$ é o complemento em (3a), mas é o sujeito em (3b) e (3c). Logo, vemos que um mesmo papel-θ pode corresponder a funções sintáticas diferentes.

Segundo a Gramática Tradicional, a transformação da voz ativa em passiva estaria disponível para todos os verbos transitivos diretos, ou seja, com complemento não preposicionado, como *assar*, excluindo os verbos transitivos indiretos, como *gostar de*, e os intransitivos, ou seja, monoargumentais, como *chegar*. Podemos observar, no entanto, pelo conjunto de sentenças de (4) a (7), que essa generalização não se sustenta:

(4) a. João quebrou o braço.

  b. *O braço foi quebrado por João.

(5) a. O beijo gay da novela preocupou a família tradicional brasileira.

b. *A família tradicional brasileira foi preocupada pelo beijo gay da novela.

(6) a. Nove milhões de brasileiros já assistiram ao filme *Minha mãe é uma peça 2*.

b. O filme *Minha mãe é uma peça 2* já foi assistido por 9 milhões de brasileiros.

(7) a. Os motoristas nem sempre obedecem à sinalização do trânsito.

b. A sinalização do trânsito nem sempre é obedecida.

Nas sentenças (4) e (5), há verbos transitivos diretos que não formam passivas gramaticais; e em (6) e (7) temos verbos com complementos preposicionados, os transitivos indiretos, mas que formam passivas. Esses exemplos mostram que, embora nem todos os verbos permitam a voz passiva, a presença ou não de uma preposição não parece ser o diferencial.

Logo, vemos que uma restrição puramente sintática não dá conta dos fatos da língua. Uma proposta da Semântica é a de que a formação da passiva dependa da existência de um argumento com o papel-θ de agente. Por exemplo, entendemos que (4a) relata um acidente, que resultou em João ter seu braço quebrado; como o braço é parte integrante dele, *João* é o afetado, não o agente. Veja por outro lado que, na sentença *João quebrou a garrafa na cabeça de Pedro*, em que *João* é o agente, pois agiu intencionalmente, a passiva é possível: *A garrafa foi quebrada por João*. Um teste para verificar a presença de agentividade é acrescentar *deliberadamente* ou *propositalmente* à sentença. Isso é possível em *João quebrou deliberadamente a garrafa na cabeça de Pedro*, mas não em (4a) (*João quebrou deliberadamente o braço*). O papel-θ do sujeito de (5) também não é o de agente, pois não podemos dizer *O beijo gay da novela preocupou propositalmente a família tradicional brasileira*. A passiva pode ser formada em (6) e (7) justamente porque os sujeitos de (6a) e (7a) são agentes.

Veja que, na distribuição de papéis de uma cena, se há um agente, há necessariamente um afetado, ou seja, algo ou alguém que mudou de estado por aquilo que o agente fez: daí o verbo da voz ativa com agente ser sempre transitivo. Então, não é a transitividade em si ou a ausência de preposição no complemento, como se afirma tradicionalmente, mas a presença de um agente na grade verbal que licencia a voz passiva.

Além das vozes apresentadas anteriormente, o português brasileiro tem ainda uma voz passiva sintética, formada com o apassivador *se*, como em (8a). Veja que essa forma de passiva é uma estratégia de ocultação do agente, pois exclui o argumento com esse papel-θ que apareceria na voz ativa, não o admitindo sequer em forma de agente da passiva. Compare (8a) a (8b):

(8)   a. Procura-se cachorro vira-lata (*pelos donos), preto, pequeno, que desapareceu próximo ao Largo dos Guimarães segunda-feira. Gratifica-se bem (*pelos donos).

b. O cachorro está sendo procurado pelos donos. Quem o devolver será gratificado pelos donos.

A passiva sintética radicaliza o foco sobre o afetado, cortando da cena o agente. Esse fato faz com que, embora estejam atualmente em desuso sentenças do tipo de (8a), esse recurso gramatical ainda esteja presente em muitas placas comerciais, anunciando produtos e serviços, comumente dispensando a concordância verbal. Há muitas placas comerciais por aí que se utilizam da passiva sintética, como *Vende-se sorvetes* ou *Amola-se alicates, facas e tesouras*, sem que o verbo seja colocado no plural, como querem os consultores de certo ou errado. Veja que, nesses exemplos, o que importa são os objetos vendidos ou amolados, e não quem vende ou amola.

Vimos que a voz passiva depende da agentividade, mas o que licenciaria a voz média? A passagem da voz ativa para a média é conhecida na literatura linguística como alternância causativa-incoativa. Em (9a), *a chuva* não é agente, mas a causa de os baldes ficarem cheios. Daí não podermos dizer que *A chuva encheu propositalmente os balde com água* e não podermos formar uma versão de (9a) na voz passiva (9b). No entanto, é possível dar uma versão da cena na voz média (9c).

(9)   a. A chuva encheu os baldes com água.

b. *Os baldes foram enchidos/cheios pela chuva.

c. Os baldes encheram.

A causatividade (isto é, a presença na voz ativa de um detonador involuntário do processo, não proposital) é o que licencia a voz média (embora não a passiva). Veja outros exemplos:

PARA CONHECER Semântica

(10) a. A subida do morro me cansou.

b. Cansei.

(11) a. O calor derreteu o sorvete.

b. O sorvete derreteu.

(12) a. As falcatruas enriqueceram o deputado.

b. O deputado enriqueceu.

Essas relações entre papéis-θ e voz verbal são generalizadas para todas as línguas, não valendo só para o português brasileiro, e levaram vários pesquisadores a examinar as relações entre a grade temática verbal e a posição sintática dos argumentos verbais. Quando há vários papéis temáticos presentes em uma sentença, há uma tendência de ordem de preferência dos papéis para figurarem na posição de sujeito, conhecida como hierarquia temática. Examine os exemplos:

(13) a. *João*, com a chave-mestra, abriu a porta para a liberdade. (sujeito = agente)

b. *A porta para a liberdade* foi aberta com a chave-mestra. (sujeito = afetado)

c. *A chave-mestra* abriu a porta para a liberdade. (sujeito = instrumento)

d. *A liberdade* foi alcançada abrindo-se a porta com a chave. (sujeito = alvo)

e. *O vento* abriu a porta para a liberdade. (sujeito = causador)

Os exemplos em (13) mostram a seguinte hierarquia temática: **agente/causador > afetado > instrumento > alvo**. Se o agente (13a) ou o causador (13e) estiver presente, ele terá precedência para a posição de sujeito; a presença de um agente e a de um causador são mutuamente exclusivas; tanto o afetado (13b) quanto o instrumento (13c) ou o alvo (13d) só podem ser sujeitos se não houver agente ou causador na sentença.

Muitos verbos transitivos têm como sujeito o argumento com papel-θ de agente ou causa; assim, em *Comer pão engorda*, quem engorda (o afetado) é o complemento de *engordar*, não pronunciado, correferente com o sujeito (não pronunciado) de *comer* (= todo aquele que comer pão); na sua versão incoativa, o único argumento realizado costuma ser o afetado (*O sol derreteu a neve* → *A neve derreteu/*O sol derreteu*). A brincadeira ao lado troca o papel-θ de *pão*, que, entendido como o causador, sujeito de uma sentença com o complemento não pronunciado (*Pão não engorda* Ø), dá a leitura de que comer pão engorda a quem o come; mas, entendido como o afetado, o argumento único de uma incoativa, significa que o pão vai ganhar peso (por alguma causa não explicitada).

"Pão não engorda. Quem engorda é você."

Crédito de imagem: *bread* by parkjisun from the Noun Project.

NOVIDADES: A DECOMPOSIÇÃO DE PREDICADOS VERBAIS

A literatura mais recente sobre grade temática/papéis-θ propõe uma decomposição dos verbos em predicados abstratos. Nessa visão, todos os predicadores tomam no máximo um argumento nominal. Por exemplo, *derreter* seleciona somente o argumento afetado, o que explica por que é gramatical uma estrutura intransitiva com esse verbo (*O sorvete derreteu*). Porém, esse predicado saturado pode ser tomado como argumento de um verbo abstrato, não pronunciado, CAUSE (causar), que seleciona além dessa proposição um outro argumento, o causador. Temos então *O calor derreteu o sorvete*, em que o calor é argumento de CAUSE, e não de *derreter* ([*O calor* [CAUSE [*derreter* [*o sorvete*]]]). Se quiser saber mais sobre essa tendência, leia a segunda parte de *Para conhecer morfologia*, de Maria Cristina Figueiredo Silva e Alessandro Boechat de Medeiros, publicado pela Editora Contexto (2016); ou *Introdução à semântica lexical: papéis temáticos, aspecto lexical e decomposição de predicados*, de Márcia Cançado e Luana Amaral, lançado pela Editora Vozes (2016).

1.2 Impessoalidade, verbos existenciais e composicionalidade

Vimos que as alternâncias ativa-passiva e causativa-incoativa são dependentes de grades argumentais e do número de argumentos nominais requerido pelo verbo: as alternâncias só são aplicáveis a sentenças na voz ativa contendo dois argumentos nominais.

> Para retomar a distinção entre quantificadores fortes e fracos, consulte a seção "Quantificadores fortes e fracos" do capítulo "O sintagma nominal" deste livro.

No entanto, há sentenças em português sem nenhum argumento, como aquelas que falam sobre fenômenos climáticos (*Ventou*), assim como há sentenças com um nominal que não é argumento do verbo (caso dos predicados nominais, como *mortal*, em *Sócrates é mortal*). As sentenças existenciais também se encaixam nesse último tipo: são construções apresentacionais, diferentes das construções tradicionais de argumento-predicado justamente porque o nominal que está presente não é um argumento do verbo. Primeiramente, esses verbos (*ter, existir, haver*) não s-selecionam, ou seja, não escolhem as características semânticas que os nominais precisam ter para poder estar na sentença: virtualmente, todo e qualquer sintagma nominal, irrestritamente, pode entrar nessas construções, desde que esteja na forma de nome nu (*Tem formiga no açucareiro*) ou de SD fraco (*Tem duas formigas no açucareiro*). Há ressalvas quanto a SD fortes (**Tem toda formiga no açucareiro*), mas nenhuma quanto à seleção de algum requerimento que *formiga* não satisfaça, como seria o caso de *#Uma formiga derreteu o sorvete*, porque *derreter* exige um argumento que seja uma fonte de calor.

Além disso, do ponto de vista sintático, ao contrário do que vimos na seção anterior, na discussão sobre a agentividade, a posição de sujeito, a mais proeminente, e que, em nossa língua, precede o verbo, não é preenchida pelo sintagma nominal não preposicionado (**Formiga tem no açucareiro*). Aquilo de que se fala nessas sentenças vem depois do verbo (compare *Tem alguém na porta* a *Alguém está na porta*). Outra característica dessas sentenças é a presença de dois nominais após o verbo, um que nomeia o *locandum* (o que será localizado) e outro, preposicionado, que nomeia o *locatum* (o local em que o referente do outro SN está). A sentença apresentacional exige dois SN para mostrar uma relação entre eles, que é a presença do primeiro no segundo. Para que tal informação seja relevante, é preciso assumir que o ouvinte não tinha percebido essa presença, ou seja, que ela não é óbvia, dada, esperada, mas constitui uma novidade. Sentenças existenciais não servem de resposta a perguntas como *O que aconteceu com...?* (imagine que alguém responda à pergunta *O que aconteceu com duas formigas?* dizendo #*Tem duas formigas no açucareiro*) nem como *O que... fez?* (imagine que alguém responda à pergunta *O que duas formigas fizeram?* dizendo #*Tem duas formigas no açucareiro*), mas respondem bem à pergunta *O que aconteceu?* (agora *Tem duas formigas no açucareiro* é uma resposta adequada). Isso mostra que um estado de coisas, uma situação (uma relação entre os dois SN, a de um estar presente no outro) é apresentada numa sentença existencial. Daí ser uma construção sintática e semanticamente distinta das sentenças tradicionais com argumento e predicado, em que se informa o que fez alguém ou o que aconteceu a alguém/algo.

Outra construção especial quanto à seleção de argumentos são as sentenças impessoais. A proposta que vê a posição sintática de sujeito como a mais proeminente, examinando qual papel-θ tem preferência em ocupá-la, encontra um aparente contraexemplo nessas sentenças, a que a gramática tradicional chama de "sentenças de sujeito indeterminado". Veja os exemplos:

(14) a. Hoje em dia, não se viaja mais de carroça.
　　 b. Trata-se de fatos escandalosos.
　　 c. Normalmente se puxa a cordinha para avisar o motorista do ônibus de que se deseja descer no próximo ponto.

Em português brasileiro, o sujeito é o constituinte com que o verbo concorda em número e pessoa, e, normalmente, precede o verbo. Nas sentenças em (14), não há um SN anterior ao verbo que possa ser tomado como sujeito e argumento do verbo. Em sentenças sem um SN pronunciado em posição de sujeito, o verbo fica sempre flexionado na terceira pessoa do singular, que é a flexão neutra: ela indica ausência de marca específica de número. Daí a ideia de generalização presente nas sentenças em (14): entendemos que ninguém viaja mais de carroça, que os fatos escandalosos estão sendo discutidos por todo mundo e que quem quer que tome ônibus vai adotar o procedimento de puxar a cordinha para que o motorista saiba que chegou ao lugar em que vai descer. Diferentemente do que acontece em *Venta*, em que o verbo não apresenta exigência de argumentos com papéis-θ determinados, nas sentenças impessoais argumentos com o papel temático do viajante, de quem trata do assunto ou do puxador da cordinha são requeridos pelos predicadores. Mas eles não são pronunciados, porque esse tipo de construção é uma operação de voz verbal sobre a sentença, ocultando o argumento com esse papel, um processo semelhante ao da voz passiva.

Vemos, então, que os verbos existenciais e impessoais impõem características especiais às construções em que ocorrem, do ponto de vista da seleção argumental. Uma das formas de se evitar problemas como esse é desconsiderar a ideia apresentada da relação entre função sintática e papel temático, e oferecer uma abordagem para a seleção dos argumentos que leve em conta apenas informações semânticas do predicado. Como vimos na seção sobre predicação e composicionalidade, a composição semântica funciona pela combinação de um predicado insaturado a seu(s) argumento(s), até sua saturação. Cada argumento é combinado por sua vez, ciclicamente. Observe, na árvore, a ordem em que os argumentos se compõem ao predicado _ *mostrou* _ *para* _. Os argumentos mais internos são os primeiros a ser substituídos: o mais externo será o sujeito. A ordenação dos argumentos na árvore sintática já está dada na anotação composicional semântica:

(15) a.   João mostrou o livro para Maria

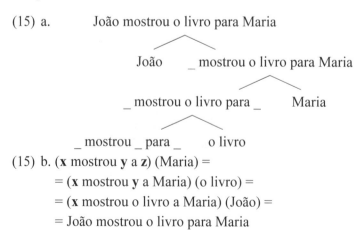

(15) b. (**x** mostrou **y** a **z**) (Maria) =
= (**x** mostrou **y** a Maria) (o livro) =
= (**x** mostrou o livro a Maria) (João) =
= João mostrou o livro para Maria

A ordem das substituições indicada em (15) corresponde ao lugar de cada argumento na estrutura: o primeiro valor substituído é o do argumento mais interno (a coisa mostrada); a pessoa a quem isso é mostrado é o segundo a ser substituído e ocupa uma posição mais elevada que o anterior na estrutura; e o último deles, aquele que mostra, vai ocupar a posição mais alta de todas, a de sujeito. Observe que se essa informação já vier codificada na entrada lexical do verbo, uma proposta hierárquica de mapeamento entre papéis temáticos e funções sintáticas será dispensável, pois a denotação do predicador já determinaria em que ordem eles são incorporados.

> Uma das formas de se representar lexicalmente a ordem determinada dos argumentos de um predicador é por meio da **notação lambda** (λ). Ela indica a ordem em que os argumentos devem ser saturados. No exemplo (15), a denotação do predicado seria $\lambda z\ \lambda y\ \lambda x.\ x$ *mostrou* y *para* z, e a ordem das variáveis z, y e x indicaria a ordem de composicionalidade dos argumentos.

Volte aos exemplos com verbos impessoais e existenciais e veja de que forma eles podem entrar na composição semântica segundo esse modelo. Os verbos impessoais vão entrar saturados (*venta* não exige argumentos). Os existenciais podem entrar com uma estrutura do tipo *tem __ no/na __*.

1.3 O argumento-evento

Algumas das ideias mais centrais da Semântica nasceram em discussões filosóficas sobre a língua natural. Uma delas é atualmente aplicada a inúmeros problemas linguísticos: a do **argumento-evento**. A ideia é a de que o domínio verbal, além de seus argumentos usuais (vistos anteriormente), também inclui entidades abstratas primitivas, as eventualidades.

Um dos argumentos em defesa dessa proposta é o de que podemos falar explicitamente sobre acontecimentos, nomeando-os. As sentenças (16, 17 e 18) servem de exemplo. Em (16b) e (17b), os SD *o nascimento* e *a chegada* fazem referência aos mesmos eventos denotados pelos verbos *nasceu* e *chegou* em (16a) e (17a). Além disso, podemos pronominalizar acontecimentos, como em (18a) e (18b). Isso indica uma necessidade de se assumir a existência de algo a que tais nomes e pronomes possam se referir.

(16) a. Maria nasceu em 1999.

    b. O nascimento de Maria foi em 1999.

(17) a. Pedro chegou.

    b. A chegada de Pedro foi festejada.

(18) a. Pedro perdeu o emprego. Isso o traumatizou.

    b. Lia subiu as escadas. Ela fez isso bem depressa.

Um segundo argumento em favor dessa proposta é o do acarretamento, que vai de sentenças mais detalhadas a menos detalhadas.

> Para retomar a noção de acarretamento, consulte a seção "Nexos lógicos" no primeiro capítulo.

(19) a. À meia-noite, num castelo mal-assombrado, uma bruxa, com uma faca na mão... passava manteiga no pão.

    b. Num castelo mal-assombrado, uma bruxa, com uma faca na mão... passava manteiga no pão.

    c. Uma bruxa, com uma faca na mão... passava manteiga no pão.

    d. Uma bruxa passava manteiga no pão.

Note que (19a), adaptado de um famoso versinho infantil, acarreta todas as sentenças mais abaixo: se (19a) for verdadeira, também serão necessariamente verdadeiras (19b), (19c) e (19d). E cada uma dessas sentenças acarreta a(s) posterior(es). Por meio da denotação dos predicados, fica difícil capturar essa relação de acarretamento, porque em cada uma das sentenças temos um predicado descrito de forma diferente. Assim, (19a) descreve uma cena de passar manteiga no pão com uma faca à meia-noite, num castelo mal-assombrado, enquanto (19b) descreve uma cena de passar manteiga no pão com uma faca num castelo mal-assombrado, e assim por diante. Sem a decomposição do predicado com o argumento-evento, não é trivial relacionar esses predicados que obviamente estão relacionados, segundo nossa intuição.

Se assumirmos o argumento-evento como um primitivo, a explicação para esses acarretamentos fica fácil: trata-se de descrições diferentes da mesma eventualidade. De cima para baixo, o número de detalhes vai diminuindo, porque temos menos modificadores do argumento evento; e modificadores são opcionais: podem ser adicionados ou tirados (veja a seguir o *box* sobre a lógica da conjunção &).

(20) [Existe um evento *e* &

　　e é um evento de passar &

　　o agente de *e* é uma bruxa &

　　o afetado de *e* é a manteiga no pão &

　　o instrumento de *e* é com uma faca na mão &

　　o local de *e* é num castelo mal-assombrado &

　　o tempo de *e* é à meia noite]

A sentença mais curta, (19d), diz que existiu um evento, que esse era um evento de passar, que o agente desse evento (quem passava) era uma bruxa e que o afetado pelo evento era manteiga no pão (a manteiga mudou de lugar, de dentro da embalagem para a faca e para o pão;

> Lembrando:
> A operação de conjunção **&**, na lógica, indica que para a conjunção das proposições representada por *P* & *Q* ser verdadeira, **P** tem que ser verdadeira e **Q** tem que ser também verdadeira.

o pão, que não tinha manteiga, agora tem). Isso corresponde aos primeiros quatro itens coordenados (ligados por &) em (20). Já (19c) vai até o quinto elemento coordenado, acrescentando a todas as informações anteriores a de que o instrumento usado nesse evento foi a faca na mão da bruxa. O acréscimo do sexto elemento coordenado, o local em que ocorreu esse evento, o castelo mal-assombrado, resulta em (19b). Acrescentando ainda o momento em que o evento ocorreu, à meia-noite, chegamos a (19a).

Assim fica claro como as sentenças são relacionadas. Se não assumirmos a existência de uma eventualidade que se pode descrever com um número variável de detalhes, representada na Semântica pelo argumento-evento – mantendo a mesma referência fixa na fórmula e ligando todos os termos coordenados em (20) –, o acarretamento das sentenças seguintes em (19) ficaria sem explicação; seria uma coincidência fortuita, e não é uma boa ideia tratar como acaso algo que acontece regularmente nas línguas.

Ao assumirmos o argumento-evento, é preciso repensar a seleção de argumentos. Os verbos são predicados de eventualidades (*passar* é muito diferente de *amar* ou de *cair*), mas cada tipo de eventualidade determina o número e o tipo de participantes necessário. Vimos anteriormente que a remoção ou o acréscimo de um argumento causa agramaticalidade (*A bruxa passou no pão*, *A bruxa passou manteiga no pão mesa*), mas a remoção ou o acréscimo de um modificador adverbial à sentença não causa agramaticalidade (são igualmente boas as sentenças: *A bruxa passou manteiga no pão **à meia-noite no castelo mal-assombrado**, A bruxa passou manteiga no pão **à meia-noite** e A bruxa passou manteiga no pão*).

Incorporando o argumento-evento, a semântica de sintagmas verbais terá de levar em conta os seguintes pontos: (i) modificadores adverbais estão coordenados com o predicado que modificam; (ii) além dos adjuntos de tempo, lugar, maneira etc. de que falam as gramáticas tradicionais, o próprio verbo é um predicado do evento; (iii) o argumento-evento (que é implícito, nulo, não pronunciado, representando uma eventualidade) é o argumento tanto do verbo quanto dos advérbios.

Vimos nesta seção um refinamento da teoria sobre a s-seleção verbal. Uma questão importante é a de como mapear os argumentos do verbo a seus respectivos lugares na estrutura sintática. Sabemos que agentes e causas são preferidos na posição de sujeito. Levantamos a questão do motivo: seria isso o resultado de uma hierarquia temática ou de informações já codificadas na entrada lexical do verbo sobre a ordem em que os diversos argumentos saturam as funções?

Verificamos que é necessário separar o significado do verbo do significado da flexão verbal. *Casar* toma minimamente dois argumentos: o afetado (quem se casa) e o argumento-evento. O predicado verbal *casar* caracteriza a eventualidade representada pelo argumento-evento como uma mudança de estado (o argumento afetado passa do estado de solteiro ao de casado) localizada num certo ponto do espaço-tempo. Tudo isso independe da flexão, pois esse conjunto de informações se mantém em *João casou, João e Pedro se casaram na mesma igreja, Maria casa hoje, Pedro se casará depois de se formar* etc.

Vimos até agora as contribuições semânticas dos predicados verbais que independem da flexão verbal. As próximas seções tratam das informações presentes nos morfemas flexionais: tempo, aspecto e modalidade/modo.

2. TEMPO VERBAL

Sabemos que, em português, os verbos apresentam uma morfologia rica. A desinência verbal expressa número e pessoa, marcando a concordância do verbo com o sujeito, e também expressa modo e tempo, duas concepções semânticas importantes para a caracterização da ocorrência do evento descrito pelo verbo. A marca de número e pessoa reflete uma propriedade morfossintática da nossa língua: ela marca a concordância com o sujeito. Do ponto de vista semântico, é o morfema dito modo-temporal que tem impacto na caracterização do evento. Nas próximas seções, vamos estudar em separado qual é a contribuição semântica de cada uma dessas noções, que vêm amalgamadas nesse morfema: tempo, aspecto e modalidade/modo.

Para a análise do tempo verbal, é crucial fazermos uma diferença entre tempo cronológico e tempo linguístico. O tempo cronológico é o do mundo, que se manifesta em nossa vida pelo relógio, pelo calendário etc. O tempo linguístico é uma categoria gramatical que tem efeitos sintáticos e semânticos, particularizando a eventualidade expressa pelo verbo. Em inglês, a diferença entre tempo cronológico e gramatical é marcada por duas palavras diferentes: *time* e *tense*, respectivamente.

Também não podemos confundir o nome da conjugação verbal na gramática tradicional com o tempo linguístico. Por exemplo, verbos de movimento como *viajar* ou *mudar*, conjugados no chamado "presente do indicativo", expressam eventualidades futuras (isto é, a viagem e a mudança de que se fala só vão acontecer depois de as sentenças serem emitidas):

(21) a. Pedro viaja amanhã.

b. Maria se muda para o Canadá com a família depois das festas.

O tempo linguístico descreve de que modo a eventualidade é situada a partir do proferimento da sentença, que marca o momento de fala (MF). O MF estabelece um marco zero, atualiza um agora. E o **agora** muda constantemente de acordo com diferentes momentos em que alguém pronuncia algo. É nesse sentido que dizemos que o tempo linguístico é uma categoria dêitica.

PARA CONHECER Semântica

A dêixis ou referência dêitica é a dependência do contexto para fixar um referente. Na figura ao lado, com a boneca olhando para nós, o cachorro está à direita e o gato está à esquerda dela. Na figura de baixo, com a boneca dando as costas para nós, o gato está à direita e o cachorro está à esquerda dela. Nem o gato nem o cachorro mudaram de lugar. O que ocorre é que *direita/ esquerda* são dependentes da frente da boneca. *Hoje, ontem e amanhã* são dêiticos. Se proferida em 31/07/2000, a palavra hoje terá um valor diferente do que se proferida em 23/12/2016. A placa abaixo adia indefinidamente o momento de fiar, por causa do valor dêitico de *amanhã*. Assim também o tempo linguístico da eventualidade depende do momento da fala (MF) fixado.

Crédito de imagens: *girl* by Aline Escobar from the Noun Project; *dog* by Yazmin Alanis from the Noun Project; *cat* created by Denis Sazhin from the Noun Project; *frame* by Milena Zanotelli from the Noun Project.

Intuitivamente, o tempo linguístico marca uma relação entre a eventualidade e o momento do proferimento. A partir do MF, podemos verificar se o momento do evento (ME) está sobreposto, é anterior ou posterior ao do MF. Quando o ME inclui o MF, o tempo é presente: sinalizamos que a eventualidade de que falamos é concomitante com o proferimento (22). Quando o ME é anterior ao MF, o tempo é passado: indicamos que a eventualidade de que estamos falando teve início antes do proferimento (23). Quando o ME é posterior ao MF, o tempo é futuro: indicamos que a eventualidade sobre a qual estamos falando vai ter início depois do proferimento (24).

(22) a. O território brasileiro tem 8.514.876 km².

b. Pedro está estacionando o carro.

(23) a. O Brasil participou da Segunda Grande Guerra.

b. Pedro já tinha ido ao mercado três vezes hoje.

c. Meu avô ia a pé para a escola.

(24) a. Quando eu crescer, serei como você.

b. João vai trabalhar amanhã.

Combinando ME e MF, chegamos a três possibilidades: ME = MF (presente), ME < MF (passado) e ME > MF (futuro), que correspondem às

> Os símbolos < e > indicam anterioridade e posterioridade, respectivamente.

sentenças de (22) a (24). No entanto, esse sistema com dois valores (ME e MF) não é suficiente para representar todas as distinções que a língua portuguesa consegue expressar. Observe estes dados:

(25) a. Quando minha mãe casou, eu já tinha nascido.

b. Quando nasci, minha mãe já tinha se casado.

(26) a. Quando eu me aposentar, já terei completado 70 anos.

b. Quando eu completar 70 anos, já terei me aposentado.

As duas sentenças em (25) expressam um casamento e um nascimento no passado. Mas há uma diferença entre elas: (25a) diz que sou filho de mãe solteira, mas (25b) não. Isso porque a eventualidade expressa pela perífrase com *ter* é sempre anterior à expressa só pelo verbo principal em PB. Esse efeito de *ter* não é exclusivo do passado. Em (26), as duas eventualidades são futuras. Porém, (26a) afirma que eu só me aposento com mais de 70 anos, e (26b) afirma que eu me aposento antes de atingir essa idade. A ordem entre as eventualidades é dada pelo fato de *ter* sempre marcar a que ocorre primeiro. Para capturar essa relação, precisamos de mais um instrumento: o momento de referência (MR).

O MR tanto pode ser expresso por um advérbio de tempo (*hoje, 1981* etc.) como por outra eventualidade, como em (25) e (26). Uma vez tendo introduzido o MR, podemos ordenar as eventualidades em relação a eles. Vejamos como esse modelo captura a diferença de significado entre (25a) e (25b):

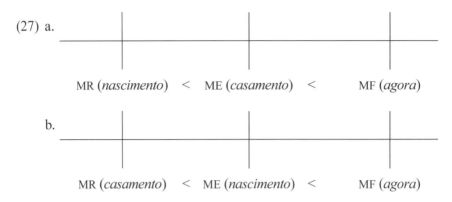

Esse modelo, baseado em Reichenbach (1947) e refinado por Comrie (1985), com seus três marcos ordenados, dá conta da representação do tempo relativo. Reichenbach (1947) formalizou a semântica temporal por meio de três momentos associados ao evento descrito, os quais devem ser localizados em uma linha temporal: o momento da fala (MF), o momento do evento (ME) e o momento da referência (MR). Por exemplo, vamos refletir um pouco mais o que quer dizer "passado". Uma primeira resposta é simplesmente dizer que passado é qualquer momento antes do agora (ME < MF). O passado verbal indicaria, portanto, uma relação entre o evento e o momento da enunciação. Assim, quando alguém pergunta *João, o que você fez ontem?*, a resposta pode ser *Eu lavei roupa*, e o tempo passado do verbo estará indicando que em algum momento antes do agora da enunciação ocorreu o evento de o João lavar roupa. Agora pense na circunstância em que o João responde *Eu não lavei roupa*. Você acha que a sentença está indicando que em qualquer momento anterior ao momento da enunciação não houve um evento de o João lavar a roupa? Quer dizer, o João está afirmando que ele nunca lavou roupa na vida?

Esse exemplo mostra que a noção intuitiva de passado, embora pareça adequada à primeira vista, não está muito acurada. O que o João está querendo dizer é que em dado momento relevante (ontem, por exemplo) ele não lavou roupa, o que é bem diferente de afirmar que ele jamais tenha lavado roupa anteriormente à enunciação. É por isso que na teoria semântica, para dar conta da noção de tempo, foi preciso considerar o momento da referência (MR) além do momento da fala (MF) e do momento do evento (ME). Assim, na sentença *Eu não lavei roupa*, o tempo gramatical está marcando um momento de referência no passado (nesse caso, ontem) em que o evento de lavar

O sintagma verbal

a roupa não aconteceu. Nesse sentido, dizemos que o tempo linguístico é caracterizado pela relação entre o momento da referência (MR) e o momento da fala (MF). O tempo passado é, então, aquele em que o momento da referência (MR) se encontra antes do momento da fala (MF). O tempo futuro, por sua vez, é aquele que expressa uma referência após o momento da fala. O tempo presente é o que tem os dois momentos coincidentes, ou seja, quando fazemos referência justamente ao momento da enunciação.

É bom ter em mente que não existe uma correspondência um a um entre as conjugações verbais e os tempos linguísticos, como mostraram os exemplos de (21) a (24). Por exemplo, o tempo futuro pode ser expresso pelo presente do indicativo (21), pelo futuro do presente do indicativo (24a) e por uma perífrase formada com o verbo auxiliar *ir* no presente e um verbo no infinitivo (24b).

Da mesma forma que diferentes tempos linguísticos podem ser expressos por diferentes conjugações, também uma única conjugação pode expressar tempos diferentes. Tomemos como exemplo o tempo verbal futuro do pretérito. Uma de suas interpretações coloca uma eventualidade num momento anterior ao MF, mas posterior a um MR passado. É assim neste trecho da biografia do autor de Dom Casmurro: *Joaquim Maria Machado de Assis nasceu no Rio de Janeiro, em 21 de junho de 1839; 15 anos depois, **publicaria** seu primeiro trabalho literário, um soneto*. É claro que tanto o nascimento do escritor quanto a sua primeira publicação já tinham acontecido quando a biografia foi escrita, mas a publicação toma como MR o nascimento. Em relação a esse MR passado, tal ME é futuro, pois a publicação só foi acontecer 15 anos depois de 1839. No entanto, esse uso não é típico do português brasileiro vernacular. Utilizamos usualmente essa conjugação verbal para expressar uma consequência de certa eventualidade alternativa à realidade, caso a alternativa hipotética se tornasse fato. Por exemplo, a sentença *Se eu fosse marinheiro, teria um amor em cada porto* soa natural se proferida por alguém que nem é marinheiro nem tem amores distribuídos por portos. Não obstante, há uma relação de causa e consequência entre a eventualidade descrita no antecedente dessa condicional, ser marinheiro, e a eventualidade expressa pelo verbo conjugado no futuro do pretérito: é a condição de marinheiro que proporciona a oportunidade de ter múltiplos amores. Ora, uma consequência é sempre posterior à sua causa. Então, embora *teria um amor em cada porto* não localize uma eventualidade na linha do tempo do mundo real, ainda há uma relação de posterioridade entre essa eventualidade e sua causa, ainda que ela também não exista neste mundo.

3. ASPECTO VERBAL

Vimos que, com os tempos linguísticos presente, passado e futuro, localizamos as eventualidades em relação ao marco zero, o MF, e ao momento da referência, o MR. Mas o tempo sozinho não fornece instrumentos para distinguir entre os diferentes julgamentos de valor de verdade que damos às sentenças (28), no contexto da imagem.

(28) a. Bob Marley é jogador de futebol (falsa).
b. Bob Marley está jogando futebol (verdadeira).
c. Bob Marley é cantor (verdadeira).
d. Bob Marley está cantando (falsa).

Crédito da imagem: *soccer player* by Christian Mohr from the Noun Project.

Todas as sentenças em (28) estão no mesmo tempo, o presente. Entretanto, com relação à situação da imagem, umas são verdadeiras e outras, falsas. A forma empregada em (28b) e (28d), formada pela perífrase "*estar* + gerúndio", é chamada de **presente progressivo** ou **contínuo**, e descreve uma eventualidade em curso no MF. Por isso, no contexto da imagem,

> O **aspecto progressivo** indica que o evento ou situação está em curso. Em português, é expresso por uma perífrase formada pelo verbo auxiliar *estar* conjugado e um verbo no gerúndio. A conjugação do auxiliar indica o tempo, que pode ser passado, presente ou futuro.

(28b) é verdadeira, enquanto (28d) é falsa. Já o presente simples remete a situações que se estendem por um período que inclua o MF. Em (28a) e (28c), ele marca uma propriedade do indivíduo. O presente do indicativo também é utilizado para expressar eventos habituais, como em *Bob Marley joga futebol* e *Eu fumo*. Essas diferenças não são temporais, mas aspectuais. Aspecto é a categoria que lida com a constituição interna das eventualidades, indicando, por exemplo, se a eventualidade é apresentada como ainda estando em andamento ou como já concluída.

3.1 Aspecto gramatical (perfectividade/imperfectividade)

Não são apenas os modos de expressar o presente que apresentam diversidade aspectual. A noção de aspecto verbal distingue também as expressões do futuro. Veja os seguintes exemplos:

(29) a. Quando você chegar de viagem, eu vou estar te esperando.
b. Quando ele voltar, vamos dar uma festa.

Em (29a), há uma chegada futura, que vai interromper uma espera já iniciada e ainda acontecendo. Já em (29b), há uma volta futura, e uma festa futura, que, porém, só terá início depois dessa volta. A pessoa a quem o falante de (29a) se dirige vai chegar no meio da espera, mas segundo (29b) quem volta não vai pegar a festa no meio. Observe a diferença entre as duas formas no esquema dado a seguir:

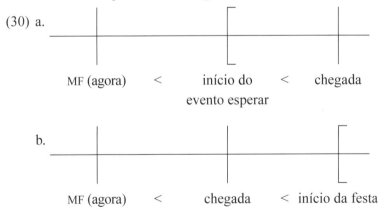

Sabemos que os consultórios gramaticais e a mídia brasileira combatem o gerundismo como um vício ou erro de linguagem; já houve até uma lei feita para bani-lo (Decreto nº 28.314, de 28 de setembro de 2007, do

PARA CONHECER Semântica

governador do Distrito Federal). Nessas campanhas, é advogada a troca de *ir* (flexionado) + *estar* (infinitivo) + gerúndio, como em (29a), por outras expressões de futuro, como o futuro de (29b). Mas essas formas não são intercambiáveis: os seus valores aspectuais são distintos, como mostraram as representações em (30).

Há diferenças aspectuais também entre as conjugações que expressam tempo passado. Observando os exemplos em (31), reflita sobre a diferença entre eles.

(31) a. Às 5h30, Maria atravessou a rua Aprazível.

    b. Às 5h30, Maria estava atravessando a rua Aprazível.

    c. Às 5h30, Maria atravessava a rua Aprazível.

Só a sentença (31a) apresenta a travessia como concluída; dizemos, portanto, que ela tem valor perfectivo. Tanto (31b) como (31c) descrevem uma travessia que está pelo meio, incompleta (valor imperfectivo). Mas qual é a diferença entre (31b) e (31c)? Veja que, mais uma vez, o português apresenta uma forma perifrástica para descrever um evento em curso, em oposição a uma forma flexionada para um evento que denota uma propriedade ou habitualidade (lembre-se do contraste entre *está jogando futebol* e *joga futebol* na descrição do presente). Assim, usamos (31b) para marcar que o evento de atravessar a rua estava em curso; e (31c) pode ser usada, por exemplo, para expressar um hábito de Maria a essa hora da manhã. Embora tanto as formas habituais quanto progressivas sejam imperfectivas, para estabelecer a diferença entre aspecto perfectivo e imperfectivo, vamos comparar as formas (31a) e (31b).

A caracterização do aspecto representa uma informação independente do momento da fala e diz respeito às relações temporais internas ao evento. Por isso, dizemos que o tempo é dêitico, mas o aspecto não. A marca aspectual de (im)perfectividade estabelece o ponto de vista interno ao evento, ou, mais especificamente, qual é a relação entre o momento do evento e o momento da referência. Considere as sentenças em (32), tentando estabelecer qual é a relação entre o momento da referência e o momento do evento em cada uma:

(32) a. Maria fez prova hoje.

    b. Maria estava fazendo a prova quando o telefone tocou.

Em (32a), o evento de fazer a prova está incluído no momento de referência *hoje*. Já em (32b), o momento do evento inclui o momento da referência, que é o momento do toque do telefone. Assim, vemos que o perfectivo coloca o ME dentro do MR, enquanto o imperfectivo inclui o MR no ME.

Vamos ver mais um exemplo, um par de sentenças em que o momento da referência é o mesmo. Nas duas sentenças em (33), o momento de referência é descrito pela oração subordinada *quando eu tinha 18 anos*. Em (33a), com o verbo da sentença principal no perfectivo, o evento de visitar o Rio de Janeiro (ME) está incluído no período da idade de 18 anos.

> **PERFECTIVO VS. PERFEITO**
> Veja que estamos chamando formas conjugadas no chamado pretérito perfeito, como *morei*, de perfectivo, em vez de perfeito.
> Para os estudos linguísticos, o aspecto perfeito é aquele que indica uma ação ocorrida no passado que tem algum efeito no presente. Em português, ele pode ser expresso pela forma perifrástica, como em *Tenho ido ao cinema todos os domingos desde que completei 14 anos*.
> Por questões de espaço, vamos tratar aqui apenas do aspecto perfectivo, e não do perfeito.

Em (34a), com o verbo da sentença principal no imperfectivo, o evento de morar no Rio de Janeiro extrapola o período de ter 18 anos, ou seja, inclui o momento de referência.

(33) a. Quando eu tinha 18 anos, eu visitei o Rio de Janeiro.
    b.

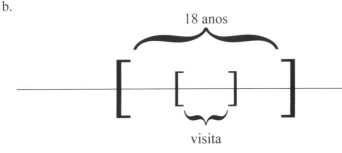

(34) a. Quando eu tinha 18 anos, eu ainda morava no Rio de Janeiro.
b.

Essa relação entre a conjugação no pretérito imperfeito e o aspecto gramatical imperfectivo em PB está por trás de anedotas como aquela em que o cliente diz ao atendente *Eu queria um café, por favor!*, e recebe como resposta: *Queria? Então não quer mais? Por que desistiu?*. O início de uma eventualidade expressa no pretérito imperfeito tem sempre de estar antes do MF, mas o término desse evento pode estar antes do MF (*João fumava, mas parou há 5 anos*) ou depois (*Maria estava muito preocupada com você. Ela ainda não sabe que você chegou bem, então continua preocupada. É melhor dizer a ela que deu tudo certo*). Uma eventualidade no imperfeito do indicativo tem seu ponto de início definido, no passado, mas, sendo de aspecto imperfectivo, ou seja, por ser apresentada do ponto de vista interno, como em andamento, seu momento de término está suspenso: esse momento final poderá ultrapassar ou não o MF. Ou seja, a eventualidade iniciada no passado pode já ter terminado ou ainda estar continuando no presente. Diante das duas possibilidades, o atendente pode fazer a piada.

Outra característica do imperfectivo é que essa conjugação funciona como um tempo dependente, isto é, uma flexão que acompanha o passado expresso por outra sentença. Uma evidência disso é o fato de que, sem contexto prévio, preparatório, uma sentença isolada no imperfeito flexionado ou perifrástico não soa bem, parece um discurso interrompido, incompleto. Compare as sentenças dadas:

(35) a. Ele entrou no ônibus.
b. #Ele entrava/estava entrando no ônibus.
c. Quando entrava/estava entrando no ônibus, ele escorregou.

Outra evidência da dependência temporal é o fato de, numa sentença complexa, como (35c), o verbo no imperfectivo ser preferivelmente o da encaixada, não o da matriz. Pode ser que o imperfeito do PB não introduza uma referência temporal própria, e sim dependa de uma referência temporal dada por outra expressão, que possa retomar.

Outra característica do imperfectivo é que, em narrativas, ele sempre aparece na parte descritiva: na ambientação, no cenário, nas circunstâncias, nos hábitos e rotinas, enquanto a ação propriamente dita, o ponto de virada, vem no perfectivo. Como exemplo, observe as conjugações no imperfeito e em que momento aparece um verbo no pretérito perfeito pela primeira vez nesta narrativa:

> *Era* uma velha sequinha que, doce e obstinada, não *parecia* compreender que *estava* só no mundo. [...] *Dormia* agora, não se *sabia* mais por que motivo, no quarto dos fundos de uma casa grande, numa rua larga cheia de árvores, em Botafogo. A família *achava* graça em Mocinha mas *esquecia-se* dela a maior parte do tempo. É que também se *tratava* de uma velha misteriosa. *Levantava-se* de madrugada, *arrumava* sua cama de anão e *disparava* lépida como se a casa estivesse pegando fogo. Ninguém *sabia* por onde *andava*. Um dia uma das moças da casa **perguntou**-lhe o que *andava* fazendo. **Respondeu** com um sorriso gentil:
> — Passeando.
>
> (Clarice Lispector, "Viagem a Petrópolis")

Na progressão narrativa, o perfectivo introduz uma nova referência temporal discursiva (uma eventualidade nova), enquanto o imperfectivo mantém aberto certo intervalo de tempo no passado. Vemos, então, que as conjugações no pretérito perfeito e no pretérito imperfeito do PB não apenas fornecem informação sobre o tempo linguístico, mas também têm papéis complementares na estruturação do discurso. A próxima seção trata de outro tipo de distinção aspectual, o aspecto lexical.

3.2 Aspecto lexical (classes acionais)

Nos estudos da gramática do português, é comum encontrarmos uma classificação dos verbos segundo critérios sintáticos: transitivos, intransitivos e de ligação. No entanto, os diversos modos de se classificar

PARA CONHECER Semântica

os verbos do ponto de vista semântico não recebem muito espaço nessas gramáticas. Vamos apresentar aqui um deles: a divisão das classes verbais segundo sua acionalidade – tradução do termo alemão *aktionsart* ('de ação'). A acionalidade trata da natureza dos eventos denotados pelos verbos, segundo propriedades como duração e resultado. A acionalidade é também chamada de aspecto lexical.

Estabelecer as particularidades semânticas dos eventos descritos pelos predicados verbais tem relevância linguística. Do ponto de vista gramatical, caracterizar os eventos segundo essas propriedades explica, por exemplo, a distribuição de certos adjuntos e a validade de algumas inferências. Uma das primeiras propostas, feita para o inglês, identificou, em relação ao comportamento dos verbos em diferentes esquemas temporais, quatro padrões diferentes: *accomplishments*, *achievements*, atividades e estados. O trabalho seminal de Vendler (1957) é sempre lembrado como um dos pioneiros na apresentação das diferentes classes acionais. No entanto, a ideia de que os verbos denotam eventos de tipos diferentes do ponto de vista de sua duração e resultado remonta a Aristóteles.

O primeiro traço utilizado por Vendler (1957) para a distinção dos predicados verbais é a telicidade. A telicidade (do grego *telos*, que significa *meta*, *alvo*) representa a propriedade de o ponto terminal para a eventualidade vir assinalado no próprio predicado. Os predicados atélicos não têm um fim determinado, previsto pelo predicado. Para deixar mais claro, vamos contrastar os predicados *correr* e *chegar*. O fim de um evento de correr não é intrínseco ao significado do predicado verbal. Isso não quer dizer, é claro, que um evento de correr nunca tenha fim. A telicidade não diz respeito a eventos que acabam e não acabam no mundo, mas a diferentes denotações para eventos, uma com fim predeterminado pelo predicado e outra sem tal predeterminação. Uma pessoa pode correr o quanto quiser e parar quando bem entender, mas *chegar* tem necessariamente fim no momento em que o destino é alcançado. *Chegar* é um predicado que indica o seu próprio fim.

É importante frisar que a telicidade é uma propriedade do sintagma verbal, e não do verbo isolado. A natureza do complemento verbal influi: *desenhar o círculo* é diferente de *desenhar círculos*. *Desenhar o círculo*

128

O sintagma verbal

descreve um evento télico: quando o círculo estiver completo, não será mais possível continuar a desenhar esse mesmo círculo. Já a eventualidade descrita por *desenhar círculos* não tem um fim previsto, justamente porque o número de círculos a serem desenhados fica em aberto.

Verbos do tipo de *desenhar* são chamados na literatura semântica de verbos de objeto incremental. Eles apresentam uma relação de construção ou de destruição com seu objeto. Um outro exemplo é o predicado *comer o bolo*. Esse predicado é télico, e seu fim é representado pelo fim de seu objeto. Ou seja, o evento de comer o bolo termina quando o bolo tiver acabado. Já os verbos de movimento são télicos quando o destino ou o percurso são expressos. Quando o destino é atingido, ou quando o percurso acaba, uma corrida específica não pode mais prosseguir. Por isso, se *correr* não é télico, *correr **uma maratona**, correr **todo o trajeto*** e *correr **dois quilômetros*** são predicados télicos. Assim como no exemplo com *desenhar* (*o círculo*), também no caso de *correr* o acréscimo de certos sintagmas leva à telicidade.

Entretanto, nem todos os sintagmas verbais se tornam télicos apenas com a presença de um SD. Tanto *empurrar o carro* quanto *empurrar carros* são atélicos. Notamos que o complemento de empurrar, seja *o carro* ou seja *carros*, tem o papel-θ de afetado: é aquilo que é movimentado pela força nele aplicada pelo agente. Somente se acrescentarmos um sintagma que represente ou o destino ou o percurso, a sentença com *empurrar* se tornará télica: *O João empurrou o carro **até o posto de gasolina***. Depois de atingido o destino, o evento de impulsionar o carro até lá não pode mais prosseguir. Assim, um verbo de movimento transitivo precisa de mais de um SD para se tornar um SV télico. No caso de um verbo de movimento intransitivo, como *correr*, o primeiro SD acrescentado já expressava o destino ou o percurso, produzindo telicidade.

Verificamos que *desenhar* e *empurrar* são verbos de natureza semântica diferente. *Desenhar* afeta seu objeto de tal maneira que o evento de desenhar cria o próprio objeto. *Empurrar* afeta o objeto mudando-o de lugar, e só com a realização de um segundo SD, um que expresse o destino ou o percurso, vai se tornar télico.

Voltemos para a distinção télico e atélico. Para Vendler, um dos fatos que mostra que os predicados télicos e atélicos se referem a eventos

129

PARA CONHECER **Semântica**

de forma diferente é o fato de podermos falar *Ele terminou de desenhar o círculo*, enquanto não faz sentido dizer *?Ele terminou de desenhar círculos*. Assim, só faz sentido dizer *Ele terminou de correr* se tivermos em mente uma quantidade, uma extensão para esse evento de correr, determinada pelo contexto.

Tradicionalmente, um dos testes mais conhecidos para separar eventos télicos de atélicos é o paradoxo do imperfectivo. Ele tem esse nome porque demonstra como o perfectivo e o imperfectivo têm efeitos diferentes em predicados télicos e atélicos. Observe as sentenças em (36). Nesse conjunto de sentenças, há um acarretamento de (36a) para (36b). Ou seja, se é verdade que o João estava correndo, então também é verdade que o João correu.

(36) a. O João estava correndo.

b. O João correu.

Agora observe o mesmo esquema empregado no predicado *desenhar o círculo*. Se o João estava desenhando o círculo, isso não acarreta que o João desenhou o círculo; ele pode ter parado no meio do desenho, por exemplo.

(37) a. O João estava desenhando o círculo.

b. O João desenhou o círculo.

O comportamento diferente nesse esquema de acarretamento indica propriedades diferentes quanto à telicidade. O verbo *correr* passa no teste do acarretamento, portanto é atélico. Já o predicado *desenhar o círculo* parece falhar no teste, indicando que se trata de predicado télico.

Um outro teste bastante conhecido para distinguir eventos télicos de atélicos é a (im)possibilidade de ocorrência com adjuntos do tipo *por x tempo* e *em x tempo*. Veja os exemplos em (38) e (39). Um predicado atélico como *correr* ocorre com adjuntos como *por 2 horas*, mas soa estranho com *em duas horas*. O comportamento do predicado télico *desenhar o círculo* é o inverso.

(38) a. O João correu por 2 horas.

b. *O João correu em 2 horas.

130

(39) a. ?O João desenhou o círculo por 2 horas.

b. O João desenhou o círculo em 2 horas.

Veja que parece estranho dizer *correu em duas horas* e *desenhou o círculo por duas horas*. Isso indica que esses sintagmas preposicionais têm uma seleção do tipo de predicado que pode ser modificado: *por duas horas* seleciona predicados atélicos, enquanto *em duas horas* seleciona predicados télicos.

Até agora, focamos exclusivamente na distinção télico e atélico e em sua relevância linguística. Mas Vendler distinguiu quatro classes de predicados, e a telicidade é apenas um dos traços dessa divisão. Para caracterizar as classes, é preciso considerar uma outra propriedade: a duração. Predicados télicos podem descrever tanto eventos durativos, como é o caso do predicado *desenhar um círculo*, quanto pontuais, como os verbos *reconhecer* e *atingir*. Predicados télicos durativos são chamados de *ac-complishments*, enquanto os predicados télicos pontuais são chamados de *achievements*. Segundo Vendler, o que indica que *achievements* são pontuais em inglês é sua resistência em ocorrer com tempos gramaticais que indicam progressivo, como vemos em (40).

> Basso (2007) mostrou que a ocorrência de predicados télicos em português com predicados do tipo *por x tempo* não é impossível. A sentença *João leu o livro por uma semana* não tem nenhum problema em português, embora apresente um adjunto do tipo *por x tempo* com um predicado télico. A sentença, nesse caso, quer dizer que ele ficou lendo o livro por uma semana ou algo do tipo. Esse exemplo do português mostra que a restrição de sintagmas do tipo *por x tempo* com predicados télicos é tão forte que ele "deteliciza" um predicado télico quando é empregado para modificá-lo. É por isso que faz sentido dizer *João leu o livro em uma semana, mas não gostou do final*, mas não ?*João leu o livro por uma semana, mas não gostou do final*. Só no primeiro caso estamos descrevendo um evento télico.

(40) *I'm recognizing it.

'Eu estou reconhecendo isso aí.'

No entanto, alguns verbos de *achievement* podem aparecer no progressivo com leitura de fase preparatória para o evento, como em *John is dying*

'John está morrendo', que significa que John está em vias de morrer, e não que já teve início (mas ainda não atingiu o fim) o processo de sua morte. Em português, parece que não há restrição de verbos desse tipo com o progressivo. A sentença (40), embora seja ruim em inglês, tem sua tradução aceitável em português. No entanto, em português, assim como no inglês, com verbos como *morrer*, a leitura obtida é a de que o evento está em vias de ocorrer e não em progresso, como no caso de *Estou desenhando um círculo*. Quem tem um amigo que sempre escreve *Estou chegando*, mesmo quando ainda nem saiu de casa, compreende que ele entende que o processo "em vias de chegar" pode começar muito antes para quem se atrasa sempre...

Além dos predicados de *accomplishment*, como *desenhar um círculo*, predicados atélicos, como *correr*, também são durativos. Verbos desse tipo são chamados de atividades ou processos na literatura. Assim, vemos que, entre os predicados durativos, há *accomplishments*, que são télicos; e atividades, que são atélicos. Entre os predicados não durativos, vimos o caso dos *achievements*, que são télicos porque atingem seu fim instantaneamente. Ficou faltando ainda caracterizar uma classe de predicados atélicos e não dinâmicos: os estativos.

Predicados estativos como *amar* são predicados de intervalos de tempo mais longos, que não são considerados dinâmicos porque não expressam alteração de estado ao longo do tempo, mas podem ser verdadeiros a respeito de um sujeito em períodos de tempo determinados. Observe a diferença entre dizer *Estou desenhando um círculo* e *Amo chocolate*. A primeira sentença tem duração temporal e progride no tempo, passando por fases distintas, enquanto a segunda não, pois ela descreve um estado verdadeiro que caracteriza igualmente qualquer momento de tempo presente. Por conta dessa propriedade, em inglês, verbos estativos não podem aparecer no progressivo. Veja:

(41) *I'm understanding you correctly.

'Estou entendendo você direitinho.'

A tabela a seguir resume a divisão dos quatro tipos de predicado segundo as propriedades de telicidade e duração.

	[+télico]	[-télico]
[+duração]	*accomplishments*	atividades
[-duração]	*achievements*	estativos

O sintagma verbal

Os estativos são geralmente descritos como verbos que não indicam uma ação, que possuem um sujeito experienciador e que são incompatíveis com imperativo e progressivo. Basso e Ilari (2004) publicaram um trabalho que reflete sobre a pertinência dessas características no português brasileiro. Os autores mostram que essa é uma classe heterogênea em português, que pode ser subdividida segundo algumas propriedades.

Observe em (42) a compatibilidade com o progressivo – representado pela perífrase *estar + gerúndio*. Em PB, há predicados estativos que podem ocorrer nesse esquema de tempo (42a) e verbos que não são aceitáveis nessa construção (42b).

(42) a. Pedro está amando Linguística.
b. *O Rio de Janeiro está se localizando no Brasil.

O *slogan* da campanha publicitária do McDonald's, em inglês *I'm loving it* (em tradução literal, "Estou amando tudo isso"), é uma exceção à incompatibilidade do progressivo com predicados estativos. Pesquisas recentes sobre o português brasileiro (Basso e Ilari, 2004; Bertucci, 2016) dizem que a combinação de progressivo com estados forma uma propriedade passageira, com mudança de estado. Quando se diz *Eu amo chocolate*, essa apreciação vale para qualquer tempo e lugar; quando se diz *Estou amando a aula de Matemática*, é necessário que isso seja recente. Fica implicado que eu não apreciava tanto essa aula anteriormente. Veja que essa caracterização explica a distribuição em (42) – propriedades passageiras podem ser descritas no progressivo, enquanto propriedades que não envolvem mudança, não.

Dessa forma, a primeira divisão que se pode fazer dos estativos em português é segundo a sua compatibilidade com o uso da perífrase progressiva. Basso e Ilari (2004) descrevem essa possibilidade como um traço de [±mudança]. Predicados que podem ocorrer no aspecto progressivo envolvem [+mudança] e predicados que não podem aparecer nessa construção expressam [-mudança]. Entre os predicados que permitem o uso da perífrase progressiva, temos casos em que a perífrase expressa de fato aspecto progressivo, no sentido de expressar um evento em curso, e o estado expresso tem o comportamento de um predicado télico. Veja que uma sentença como *João está ficando bonito* descreve que João está a caminho de se tornar bonito.

133

Há casos, no entanto, em que a perífrase *estar* + *gerúndio* não expressa aspecto progressivo. São casos em que as sentenças interpretadas como descrevendo um evento no presente, como na sentença *Pedro está amando Linguística* vista anteriormente, ou como possuindo um sentido transitório, como em *Pedro está sabendo Linguística.*

Além da divisão entre predicados que podem ou não figurar na perífrase progressiva, os autores discutem uma outra propriedade que, usualmente, distingue os estativos em português. Trata-se da possibilidade de ocorrência no modo imperativo. Veja o contraste entre as sentenças em (43), retiradas do texto dos autores. Observe que essa diferença indica uma distinção no traço de [±controle]. Verbos que podem aparecer no imperativo são verbos que possuem um sujeito que possui o traço positivo para o traço [±controle], enquanto verbos que não são possíveis nessa configuração não possuem sujeito com controle sobre a ação.

(43) a. Fique quieto!
b. ?Saiba latim!

Dessa forma, vemos que a classe dos predicados estativos em português, na verdade, pode ser subdividida em quatro, de acordo com suas propriedades de [±controle] e [±mudança]. Os estativos típicos são aqueles que não ocorrem no progressivo nem no imperativo. As possibilidades de ocorrência no progressivo e no imperativo indicam que estamos diante de casos atípicos desse tipo de verbo. Verbos que podem ocorrer em ambas as estruturas não podem ser considerados estativos.

A tabela a seguir resume essas propriedades.

	[-controle]	[+controle]
[-mudança]	Estativos típicos	Estativos atípicos (imperativo)
[+mudança]	Estativos atípicos (progressivo)	Não estativos

Vemos, portanto, que é pertinente considerar as propriedades tipicamente utilizadas na classificação dos verbos em outras línguas para refletir sobre os dados do português. A tentativa de aplicação dos testes mostra a necessidade de adaptá-los, mas também ajudam a revelar características da gramática da nossa língua quanto ao tempo e ao aspecto. A próxima seção se dedica a apresentar a semântica de outra noção marcada pela flexão verbal em português: o modo.

4. MODO E MODALIDADE

Modo é um termo utilizado para abarcar fenômenos muito gerais. Em português, a conjugação verbal se subdivide em três modos: indicativo, subjuntivo e imperativo. As duas últimas categorias morfossintáticas são comumente empregadas para atos de fala não assertivos: para dar instruções, comandos, conselhos, expressar sentimentos... Uma das formas de se analisar semanticamente o modo em português é considerar que os diferentes modos possuem diferentes traços modais. Modo, então, é a marca de que a sentença está em um tipo de ambiente modal. Assim, vamos primeiro tratar da modalidade para depois voltarmos à noção de modo, tal como a conhecemos.

4.1 Modalidade

Em uma de suas acepções, a **modalidade** é aquilo que expressa a atitude do falante quanto ao conteúdo da proposição, sem que haja interferência nesse conteúdo. Segundo essa definição, ambas a sentenças em (44) expressam modalidade, uma vez que podem ser descritas como uma avaliação do falante quanto à presença/ausência de alguém na festa.

(44) a. Fiquei chateada por você não ter vindo à minha festa.

b. Você tem de vir à minha festa.

No entanto, essa abordagem não captura diferenças cruciais. Em primeiro lugar, (44a) é uma sentença factiva, ou seja, toma o conteúdo do complemento sentencial como um fato: a festa existiu, já aconteceu no mundo real, e o falante já viu que o amigo faltou. Em (44b), não há qualquer comprometimento do falante com a realidade da festa no mundo atual: no momento do proferimento, ela ainda não existiu. Repare que, apesar de o verbo *ter* estar conjugado no presente do indicativo, e de não haver outra flexão ou qualquer advérbio marcando localização temporal, sabemos que a segunda sentença fala sobre uma festa futura.

A semântica formal não entende a modalidade apenas como uma avaliação do falante sobre o conteúdo proposicional, mas como uma categoria linguística ligada à expressão da possibilidade e da necessidade. Sentenças modalizadas dizem alguma coisa sobre um estado de coisas que poderia ou

PARA CONHECER Semântica

deveria existir. Esses cenários hipotéticos são capturados formalmente por meio de mundos possíveis. Segundo essa proposta, a primeira sentença não é modal, mas a segunda, sim.

Em português, há dois auxiliares modais que expressam essa diferença: *poder* e *ter que*. Veja a diferença entre os exemplos em (45). A sentença (45a) expressa que há uma possibilidade de o João descansar no domingo, enquanto (45b) diz que ele trabalhar na segunda é uma necessidade.

(45) a. João *pode* descansar no domingo.

b. João *tem que* trabalhar na segunda.

Do ponto de vista semântico, como você poderia avaliar as condições de verdade em (45)? Ou, em outras palavras, como você poderia expressar o que ela quer dizer? Veja que a tarefa não é tão fácil quanto avaliar sentenças simples vistas anteriormente, tais como *João saiu*. Para avaliar essa última sentença, bastava averiguar se João denota um indivíduo que pertence ao conjunto denotado pela função de sair. Agora, como sistematizar o significado de (45a-b)? Elas não parecem indicar propriedades do tipo "quem pode" e "quem tem que" fazer algo. Elas parecem considerar para a avaliação da sentença algumas situações hipotéticas: (45a) não afirma categoricamente que João descansa domingo (compare com *João saiu*), mas especula sobre cenários em que João descansa no domingo, considerando que essas circunstâncias são possíveis; (45b), por sua vez, considera que a ocorrência de João trabalhar na segunda é uma necessidade.

Esses cenários especulativos foram formalizados na teoria semântica na forma de mundos possíveis, que são situações alternativas. Uma das formas de analisar os modais é assumir que há outros mundos, além do real/atual. Alguns são mais próximos do real: tudo é idêntico ao real, mas, em vez de fazer sol, hoje está chovendo. Novas diferenças podem ser introduzidas, como casar pessoas solteiras, mudar o local de nascimento de alguém etc. O limite é a sua imaginação. Dá pra chegar, inclusive, a mundos muito mais distantes do nosso, em que não há gravidade, há três sóis e as pessoas têm quatro braços. Lembrou das histórias de ficção científica? Os universos ficcionais também são alternativas ao mundo real. A multiplicidade de mundos permite tratar os modais como quantificadores sobre esses mundos possíveis, alguns mais próximos, outros mais distantes do mundo

136

O sintagma verbal

real. Embora essa noção possa parecer transcendental à primeira vista, veja que ela segue nossa intuição de avaliação das sentenças em (45) em situações hipotéticas. Dessa forma, para a Semântica Formal, os modais como *poder* e *ter que* operam sobre mundos possíveis. Isso é o que eles têm de semelhante. Mas qual seria sua diferença?

Intuitivamente, um marcador de possibilidade parece mais fraco do que um de necessidade. Quando dizemos que o João pode descansar no domingo, sabemos que essa é uma das alternativas do que fazer nos dias de folga para ele. Ele pode decidir trabalhar ou correr uma maratona, e isso não invalida a sentença (45a). Nesse sentido, vemos que o marcador de possibilidade realiza uma operação semelhante à do quantificador existencial: dos mundos possíveis formulados para o próximo domingo, há (existe) pelo menos um mundo no qual ele descansa. Um operador de possibilidade requer que consideremos apenas um mundo no qual a proposição seja verdadeira.

Agora observe a diferença do operador de possibilidade com o operador de necessidade. Se dissermos que João tem que trabalhar na segunda, isso não é uma escolha dele, e não basta que isso aconteça em um mundo alternativo, mas ele trabalhar deve fazer parte de todas as situações hipotéticas da segunda, traduzidas em mundos possíveis pela Semântica Formal. Imagine um mundo possível em que chove na próxima segunda. O João, nesse caso, pode ter que sair de casa mais cedo, ou mudar o transporte utilizado, mas não é uma opção ele não trabalhar. Agora, imagine um outro mundo possível em que faz sol e calor na segunda; agora João pode pensar que preferia ir à praia, mas também não é uma opção não ir trabalhar. Assim, vemos que não importa a situação hipotética formulada, o João trabalhar precisa aparecer em todas elas para a avaliação de (45b). Nesse sentido, o modal de necessidade faz uma operação de quantificação universal sobre os mundos possíveis: em todos os mundos formulados para a segunda-feira, João trabalha nesses mundos. Observe em (46) uma representação dos operadores modais segundo a semântica de mundos possíveis. Nas representações em (46), **S** representa uma sentença qualquer combinada com "possivelmente" ou "necessariamente" (e suas variações), **w** é o mundo no qual se ancora a emissão da sentença (o que chamamos de mundo real, sem comprometimentos filosóficos com o termo). Os mundos **w'** são os outros mundos levados em consideração para a avaliação da sentença:

(46) a. *Possivelmente S* é verdadeira no mundo *w*, se e somente se, em **algum** mundo possível *w' S* for verdadeira.

b. *Necessariamente S* é verdadeira no mundo *w*, se e somente se, em **todos** os mundos possíveis *w' S* for verdadeira.

Você deve ter reparado que, embora tenhamos afirmado que o operador de necessidade realiza uma operação de quantificação universal, sabemos que, mesmo quando se diz *João tem que trabalhar segunda*, pode acontecer um imprevisto que o impeça de ir trabalhar. Sabemos que, se há mundos possíveis em que chove ou faz sol, há também mundos em que João acorda muito doente, incapacitado de ir trabalhar. Mas e então? Se o operador de necessidade faz uma quantificação universal, como dar conta desses casos?

Não parece ser uma boa ideia enfraquecer o operador de necessidade, porque intuitivamente queremos que ele contenha uma semântica universal. Ora, quando dizemos que João tem que trabalhar, queremos expressar que essa é uma necessidade, que deve ser inescapável. Mas observe que, quando falamos de mundos possíveis, parece que não estamos falando de todos os mundos viáveis, sem limites para nossa imaginação. Nossa intuição sugere que, nesse caso, os mundos em que João vai trabalhar são todos aqueles em que as regras trabalhistas são cumpridas. Estamos querendo dizer algo do tipo: em todos os mundos em que as leis trabalhistas são cumpridas, e nada extraordinário acontece com a saúde de João, ele vai trabalhar. Assim, vemos que, além da força modal de quantificação existencial ou universal, cada modal também expressa um certo tipo de modalidade, definida como a base em que os mundos serão avaliados, também chamada de base modal. No caso visto anteriormente, temos uma modalidade que se aplica a mundos regulados por normas por cumprir, uma vez que são avaliados os mundos segundo as

> A Lógica Modal utiliza os símbolos $\Diamond$ e $\Box$ para representar os operadores de possibilidade e necessidade, respectivamente. Eles operam sobre as proposições; logo, uma representação de *João pode descansar* é $\Diamond P$, sendo P a proposição *João descansa*.

regras/leis vigentes. Veja que o tipo de modalidade restringe quais mundos devem ser levados em conta para a avaliação da sentença. Dessa forma, dizemos que a sentença *João tem que trabalhar segunda* expressa uma necessidade deôntica.

Agora, se dissermos que João pode descansar domingo, segundo as leis trabalhistas, a sentença expressa uma possibilidade deôntica, já que expressa uma possibilidade dentro dos mundos em que as leis são seguidas. Veja, no entanto, que o *pode* nem sempre expressa uma possibilidade interna ao domínio das leis. Veja esta sentença:

(47) Hoje *pode* chover.

Essa sentença não é avaliada segundo as leis, mas segundo as evidências que o enunciador está considerando e seus conhecimentos prévios acerca dos fenômenos meteorológicos. Ele pode, por exemplo, estar olhando para o céu, vendo tudo fechado e observando o vento forte nas árvores. Essa é a modalidade epistêmica, que expressa o conhecimento e as evidências do falante. A sentença (47) expressa, portanto, uma possibilidade epistêmica. O tipo de modalidade pode estar implícito, como em (47), mas também é possível explicitá-lo assim: *De acordo com o que estou vendo daqui da janela, hoje pode chover.*

A capacidade do auxiliar modal *poder* expressar diferentes tipos de modalidade ficam ainda mais evidentes em sentenças em que essa informação deve ser preenchida pelo contexto. Veja o seguinte exemplo:

(48) Paulo *pode* nadar.

A sentença (48) será entendida como "Paulo tem permissão para nadar", quando dita, por exemplo, pelo médico que o tratou de pneumonia e tinha proibido qualquer exercício físico enquanto o doente não estivesse recuperado. Essa leitura da sentença como permissão depende de regulações e obrigações, e se encaixa, como vimos, na modalidade deôntica. Contudo, se essa sentença for proferida pelo treinador da equipe de natação da escola, durante uma competição, ela pode ser interpretada como a afirmação da confiança do treinador em que o preparo físico de Paulo levará à sua convocação para disputar a prova final. Como essa afirmação se sustenta no conhecimento do treinador, nas informações de que ele dispõe sobre o condicionamento de Paulo e de outros atletas competidores, tal modalidade é epistêmica. Agora, imagine ainda uma terceira situação em que Paulo pode ser o nome do cachorro de uma criança, que, usando a sentença, está indicando que reconhece que esse bicho tem a capacidade de se deslocar de um ponto a outro em ambiente aquático, enquanto uma vaca ou um passarinho não têm essa disposição genética. Nesse novo contexto, *poder* é interpretado como indicando ainda um terceiro tipo de modalidade: a modalidade disposicional.

Além disso, dependendo da flexão, o verbo *poder* indica diferentes forças modais. *Pode dar certo* é mais forte do que *Podia dar certo*. Vemos, então, que o aspecto imperfectivo tem tanto um valor temporal quanto modal. Essa propriedade explica uma outra característica dos auxiliares modais: eles possuem paradigmas anômalos.

Observe as sentenças em (49). Elas mostram que o verbo *poder* não tem restrição de flexão, mas apenas (49a), (49b) e (49c) podem expressar uma ideia que ainda será posta em prática. Veja que apenas essas sentenças podem ser completadas por [...] *e quer saber? Estou indo*.

(49) a. Eu posso ir à praia hoje.

b. Eu podia ir à praia hoje.

c. Eu poderia ir à praia hoje.

d. Eu pude ir à praia hoje.

Por outro lado, veja o contraste com (50), em que o verbo *dever* pode assumir as formas em (50a) a (50c), mas não a de (50d). Esses dados mostram que o aspecto perfectivo não gera leitura modal/futura, e que somente o imperfectivo é modal.

(50) a. Eu devo estudar.

b. Eu devia estudar.

c. Eu deveria estudar.

d. *Eu devi estudar.

Além do *pode*, visto anteriormente, há outro modal em português que é capaz de expressar mais de um tipo de modalidade. Veja a sentença a seguir:

(51) João *deve* estar em casa.

Você consegue observar que essa sentença pode ser usada em contextos modais muitos diferentes? Imagine que João tem 13 anos e sua mãe estipule que na noite de sábado ele deve estar de volta em casa até 22h. Nesse caso, a sentença expressa uma necessidade deôntica, ou seja, se já passar das 22h, em todos os mundos possíveis em que o João cumpre as regras estabelecidas por sua mãe, ele está em casa. Por outro lado, podemos pensar em um contexto em que João é meu vizinho, e conhecendo seus hábitos e vendo que a luz de seu apartamento está acesa, posso pensar que ele esteja em casa. Nesse caso, (51) veicularia uma necessidade epistêmica.

Apresentamos em (52) uma formulação mais específica da modalidade, levando em consideração os tipos de modalidade; nessa formulação, R é uma relação que pode ser substituída por uma relação deôntica (leis), epistêmica (conhecimentos), disposicional (capacidades), bulética (desejos), doxástica (crenças), teleológica (objetivos) etc.

(52) a. *Possivelmente* S é verdadeira no mundo w, se e somente se, em **algum** mundo possível w' S é verdadeira e w' está numa relação R com w.
  b. *Necessariamente* S é verdadeira no mundo w, se e somente se, em **todos** os mundos possíveis w' S é verdadeira e w' está numa relação R com w.

Veja agora um exemplo de análise com uma sentença que já discutimos:

(53) *O João tem que trabalhar na segunda* é verdadeira no mundo *w*, se e somente se, em **todos** os mundos possíveis *w' João trabalha na segunda* é verdadeira e *w'* está numa relação deôntica com *w*.

Além da força quantificacional (existencial e universal) e do tipo de modalidade (que define o conjunto base de mundos avaliados), os modais expressam, ainda, um ordenamento dos mundos selecionados para avaliação. Isso quer dizer que a escolha dos mundos que fazem parte da base modal selecionada pelo tipo de modalidade não é aleatória. Os mundos são ordenados de acordo com sua proximidade com o normal, ou com o mundo em que as leis são cumpridas. Dessa forma, os mundos avaliados para a sentença que discutimos, *João tem que trabalhar na segunda*, estão ordenados como mais ou menos próximos daqueles em que as leis trabalhistas são cumpridas.

Esse ordenamento de mundos explica, por exemplo, por que há modais que são graduais, como *é provável*. Nas sentenças dadas em (54), (54a) expressa que os mundos em que o João vem estão mais próximos do mundo real/ideal do que aqueles em que ele não vem, e (54b) expressa exatamente o contrário, que os mundos em que o João vem estão mais distantes.

(54) a. É muito provável que o João venha.

b. É pouco provável que o João venha.

As sentenças modais, na Semântica Formal, em resumo, apresentam três ingredientes: (i) a força modal, que pode ser possibilidade ou necessidade, é dada pelo item lexical; (ii) a base modal, dada pelo contexto; e (iii) a fonte de ordenação, também dada pelo contexto. Quando a força modal é a necessidade, a proposição é verdadeira em todos os mundos considerados. Quando é a possibilidade, a proposição é verdadeira em pelo menos um dos mundos considerados. São considerados somente os mundos relevantes para a situação em questão (a base modal restringe o conjunto de mundos que precisamos examinar). Esses mundos não são todos tratados igualmente como itens de um conjunto ordinário, mas são hierarquizados quanto a uma relação de acessibilidade, que arranja esses mundos numa ordem do mais ao menos acessível. Assim, a mudança na fonte de ordenação é responsável pelas diferentes interpretações de uma mesma construção modal.

Kratzer (1981, 1991) defende que a única contribuição do item lexical é a força modal. Vimos, por exemplo, que o modal *poder* do português sempre exprime possibilidade, mesmo podendo expressar modalidades muito diferentes (epistêmica, deôntica etc.). Para Von Fintel (2005), no entanto, há, em inglês, itens lexicais especializados em uma base modal. Pessotto e Pires de Oliveira (2008) defendem que, em português, *ter que* é especializado, uma vez que é incompatível com base epistêmica. Veja que a sentença (55a) não tem a interpretação de que, dado o conhecimento de que disponho, concluo que João vai trabalhar na segunda. Compare com (55b), em que essa interpretação é perfeitamente possível. A sentença (55a) só pode ser interpretada como algo do tipo *Dadas as obrigações assumidas por João, ele vai trabalhar na segunda* (interpretação deôntica).

(55) a. O João tem que trabalhar na segunda.
     b. João deve trabalhar na segunda.

Antes de passar para a seção sobre modo, vamos ainda apresentar uma outra propriedade da modalidade ilustrada com dados do português. Ela diz respeito à leitura modal do tempo futuro. Veja que uma das propriedades do futuro é que as eventualidades projetadas para após o MF ainda não existem no mundo real, atual, quando falamos sobre elas. Pensando do ponto de vista de que ninguém tem garantias do que virá, eventualidades expressas com uma das flexões verbais associadas ao tempo futuro são apenas planos ou probabilidades. Recordemos, por exemplo, o paradoxo do imperfectivo. Ele é um quebra-cabeças porque uma sentença na forma de *Maria estava atravessando a rua* não acarreta a existência de uma travessia. Bem, *Maria vai atravessar a rua* também não acarreta a existência (no mundo real, no momento de fala) de uma travessia.

Que as eventualidades venham ou não a existir no futuro depende de uma cadeia de ações ou da convergência de acontecimentos que não podem ser completamente controlados. Por conta disso, essa categoria de modalidade pode configurar um exemplo de modalidade teológica: seguir um plano feito na atualidade tem como consequência atingir uma meta no futuro. Ou ainda um exemplo de modalidade circunstancial ou dinâmica: dado o arranjo de coisas hoje, o rumo que elas tomam, podemos antever como ficarão daqui a algum tempo. Segundo essa proposta, rigorosamente, o futuro não seria um tempo linguístico, mas uma modalidade, a da "futuridade".

Uma vez que já introduzimos a noção de modalidade e sua análise com uma relação com mundos possíveis, podemos apresentar um dos tratamentos para o modo, baseado na noção de modalidade.

As noções trabalhadas nesta seção de modalidade foram baseadas nos trabalhos pioneiros e influentes de Angelica Kratzer, que foram reunidos no volume de 2012 chamado *Modals and Conditionals*. Para aprofundar seus conhecimentos sobre o assunto em trabalhos recentes sobre o português, sugerimos os textos de Pessotto (2011) e Pessotto (2014).

4.2 Modo

Dos três modos do PB, apenas um, o indicativo, é declarativo/assertivo; os modos subjuntivo e imperativo são não declarativos. Modos não declarativos acrescentam um componente modal à

> A Semântica que lida com mundos possíveis é uma proposta de modelo para a Semântica Intensional. Tratamos da diferença entre Semântica Extensional e Intensional no primeiro capítulo, sobre o sentido e a referência. Vimos que a Semântica fregeana é extensional porque lida exclusivamente com a referência. No entanto, ela não é adequada para analisar contextos intensionais (ou opacos) justamente porque a abordagem puramente referencial não é suficiente nesses casos. Lembre-se da sentença *Minha mãe disse que Bob Dylan vai se apresentar no Brasil*. Nesse caso, a sentença complexa não depende da verdade da sentença encaixada *Bob Dylan vai se apresentar no Brasil*. Esta última pode ser falsa e a sentença sobre o que a minha mãe disse ainda ser verdadeira (lembre-se que a referência de uma sentença é o seu valor de verdade). Nesses casos, então, o que está em jogo não é o valor de verdade do que a minha mãe disse, mas o conteúdo que ela enunciou, o conceito expresso pela sentença. Esse conceito é o sentido da sentença. É com ele que a Semântica Intensional vai lidar. Verbos como *dizer, acreditar, achar* têm como complemento a intensão (sentido) de uma sentença. Um dos modos de se criar um sistema formal que manipule a intensão é por meio dos mundos possíveis. Nesse modelo, a intensão é uma função que quando aplicada a uma expressão retorna sua extensão no mundo considerado.
>
> A formalização básica está na dependência da denotação aos mundos possíveis considerados.
>
> Se você quiser se aprofundar nesse assunto, recomendamos o livro manuscrito *Intensional Semantics*, de Kai von Fintel e Irene Heim, que pode ser encontrado na página do pesquisador Von Fintel (http://www.kaivonfintel.org).

O sintagma verbal

proposição. Veja que é difícil julgar sentenças no infinitivo, no subjuntivo ou no imperativo como falsas ou verdadeiras. As restrições sintáticas em (56) e (57) resultam dessa natureza modal. Observe que, assim como não podemos formar uma sentença apenas com o verbo no infinitivo (56a), também o subjuntivo não constitui uma sentença independente (57a):

(56) a. *Dormir.
    b. Dormir é muito bom.
(57) a. *Soubesse disso.
    b. Ela queria que ele soubesse disso.

A conjugação no indicativo não sofre as restrições de (56a) e (57a). *Eu soube disso* é perfeitamente possível. Vamos nos concentrar, nesta seção, na diferença entre o indicativo e subjuntivo. O subjuntivo aparece geralmente em orações encaixadas, e o tempo que expressa é dependente: em (57b), o verbo da oração principal, conjugado no indicativo, está no passado, o que leva a ter de conjugar o verbo da encaixada também no passado. Veja o que acontece se mexemos nisso:

(58) a. *Ela quer que ele soubesse disso.
    b. Ela quer que ele saiba disso.
    c. Quando João souber disso, ele vai surtar.
    d. Se João soubesse disso, ele teria surtado.

As sentenças (58a) e (58b) mostram que a flexão da oração encaixada deve acompanhar o tempo da principal. Não é possível utilizar o imperfeito do subjuntivo na oração subordinada se a sentença principal traz o verbo no presente do indicativo. Isso indica que o subjuntivo na encaixada não expressa independentemente o tempo da eventualidade a que se refere (em (58a) e (58b), a ciência de alguém sobre certo fato). A conjugação no subjuntivo de uma encaixada apenas "concorda" com a do verbo da principal, no indicativo. Caso o verbo da principal esteja no passado, o da encaixada o acompanhará, ficando no passado também. Se o desejo de que ele tome ciência é factual, por outro lado essa ciência não ocorreu ainda quando (58b) é proferida.

As (58c) e (58d), por sua vez, expressam condicionais. A sintaxe dessas duas sentenças não é mais de matriz e encaixada complemento, como (58b), e a dependência temporal é menos óbvia. Mas as duas sentenças são

145

PARA CONHECER Semântica

compostas, apresentando dois verbos: o primeiro, no antecedente (a parte introduzida por *quando* ou *se*), está conjugado no subjuntivo, e o segundo, no consequente, está no indicativo. O antecedente não é factual: a flexão verbal não está colocando a ciência sobre o assunto num momento anterior ao MF, porque essa ciência não aconteceu no mundo real, é hipotética. A sentença seguinte apresenta uma consequência da causa expressa no antecedente, e temporalmente a causa sempre é anterior ao efeito que produz. Enquanto (58c) sugere que a ciência se dê depois do MF, (58d) descreve uma alternativa à realidade do passado. Nos dois casos, o falante assume que a ciência sobre o acontecido não é um fato. Por isso, essas sentenças são chamadas de contrafactuais.

Grosso modo, as condicionais são analisadas assim: a primeira parte, a introduzida por *quando/se*, indica quais mundos possíveis devem ser considerados para a verificação da existência da eventualidade expressa na segunda parte. Ou seja, a primeira parte, o antecedente, dá a base modal. Assim, entendemos de (58c) e (58d) que, nas situações em que João tem o conhecimento de que fala a primeira parte da sentença, ele surta.

Voltemos à diferença entre o indicativo e o subjuntivo. Tradicionalmente, a gramática apresenta a diferença entre o indicativo como aquele que descreve ocorrências da realidade, enquanto o subjuntivo descreveria desejos, expectativas e conjecturas que, em geral, fugiriam da realidade. Essa ideia está de acordo com certos usos do português, como vimos anteriormente, e com o ilustrado em (59), em que a subordinada pode aparecer tanto no indicativo quanto no subjuntivo, mas com diferenças na interpretação. Note que entendemos da subordinada no indicativo (59a) que existe um apartamento específico no mundo real cuja compra é objeto de desejo; já a subordinada no subjuntivo (59b) não faz referência a nenhum apartamento do mundo real em particular, mas indica um requerimento que guia a busca pelo imóvel: ter suíte. Pode bem ser que nem exista um imóvel assim à venda.

(59) a. Ela quer comprar um apartamento que tem suíte.

b. Ela quer comprar um apartamento que tenha suíte.

No entanto, nem sempre o subjuntivo faz referência a conjecturas que fogem à realidade. Observe o exemplo (60), adaptado de Marques e Pires de Oliveira (2016). A sentença (60) apresenta uma oração encaixada no subjuntivo que expressa uma ocorrência real. Maria está de fato desempregada; a oração principal traz minha reação a esse fato: eu lamento isso.

(60) É uma pena que Maria esteja desempregada.

Segundo Marques e Pires de Oliveira (2016), a diferença entre o modo indicativo e o subjuntivo está nos mundos que são levados em consideração para a avaliação da sentença. A denotação do indicativo exige que a sentença seja verdadeira em todos os mundos possíveis considerados, e a do subjuntivo inclui pelo menos um mundo em que a proposição não é verdadeira.

Essa proposta ajuda a entender os exemplos em (59). Se o indicativo é selecionado, como em (59a), a proposição *o apartamento ter suíte* é verdadeira nos mundos compatíveis considerados; mas, se o subjuntivo é selecionado, como em (59b), os mundos em que há apartamentos com suíte são os que estão mais próximos dos mundos dos nossos desejos (modalidade bulética).

Note que, ainda assim, não é trivial analisar a sentença (60). O fato de Maria estar desempregada ser verdade nos mundos compatíveis com o que se sabe explica porque podemos usar o indicativo nesse contexto no português brasileiro – veja (61). No entanto, fica ainda em aberto a possibilidade de uso do subjuntivo (60).

(61) É uma pena que Maria está desempregada.

Há ainda outras propriedades do português brasileiro que desafiam a proposta de que o indicativo só é empregado quando a sentença é verdadeira nos mundos considerados. Observe a sentença (62), com o verbo conjugado no pretérito imperfeito:

(62) Por mim, o Neymar continuava jogando no Santos.

Está claro que essa sentença não relata um acontecimento que é verdadeiro (Neymar joga na Europa desde 2013), mas expressa um desejo. Nesse sentido, o imperfeito do PB expressa também modalidade e tem uma fonte de ordenamento de acordo com os desejos (base modal bulética) do enunciador. A sentença (62) expressa que, em todos os mundos compatíveis com os desejos do enunciador, Neymar joga pelo Santos. Ela combina, portanto, modo e modalidade.

Um desafio parecido ocorre com o futuro do pretérito. Observe a sentença (63), adaptada de Marques e Pires de Oliveira (2016):

(63) De acordo com o jornal, o assaltante teria usado explosivos.
[...] Mas eu não acredito. Veremos se é verdade.

Essa sentença se desvia do que estamos afirmando para o modo indicativo porque ela não expressa uma proposição que é verdadeira em todos os mundos possíveis considerados, ela expressa uma dúvida ou suspeita sobre a fidedignidade do jornal.

Como visto, na expressão de desejo, as conjugações no imperfeito do indicativo e do futuro do pretérito estão em variação:

(64) Ele casaria/casava com ela, se pudesse.

Vemos, então, que não há base para afirmar que a expressão da modalidade seja uma exclusividade do subjuntivo em PB.

Abordamos neste capítulo diversos aspectos semânticos do sintagma verbal em PB. Vimos, em um primeiro momento, de que forma fatores semânticos devem ser considerados na seleção de argumentos. Os estudos de diátese e de papéis temáticos são normalmente mais difundidos por conta de sua interface com a Sintaxe. Em seguida, tratamos do significado expresso pela flexão de tempo, aspecto e modo/modalidade. Vimos que esse é um campo de estudos que ainda precisa de muita pesquisa.

Vimos que as nossas gramáticas tradicionais continuam reproduzindo generalizações não acuradas, como a afirmação de que o gerúndio é uma deturpação do bom português porque suas perífrases podem ser substituídas por formas flexionadas, ou, ainda, de que o indicativo apenas descreve eventos do mundo real, enquanto o subjuntivo expressa conjecturas e suposições, e assim por diante. Além disso, mostramos que não é possível tratar da Semântica do Modo sem falar em modalidade. Embora não tenhamos podido nos aprofundar mais, dados os limites deste trabalho, esperamos ter contribuído para um melhor entendimento de qual é o conhecimento semântico por trás da flexão verbal.

Leituras complementares

Para saber mais sobre as **relações entre grade temática verbal e a posição sintática dos argumentos verbais**, indicamos a leitura do artigo de Dowty, "Thematic Proto-roles and Argument Selection", que saiu em 1991 pela revista *Language*.

Para um aprofundamento da **Semântica Verbal** e da **Semântica de Eventos**, indicamos o livro manuscrito *The Event Argument and the Semantics of Verbs*, de Angelica Kratzer. Embora nunca tenha sido publicado, esse texto já se consagrou como referência na área da Semântica Formal, especialmente quando se trata de eventos. O arquivo com o texto é facilmente encontrado na página da pesquisadora ou na página http://semanticsarchive.net, que recomendamos fortemente.

Para as noções de **tempo**, aspecto e modalidade são fundamentais os textos listados a seguir:

COMRIE, B. *Aspect*: An Introduction to the Study of Verbal Aspect and Related Problems. Cambridge: Cambridge University Press, 1976.
KLEIN, W. *Time in Language*. London: Routledge, 1994.
PALMER, F. R. *Mood and Modality*. Cambridge: Cambridge University Press, 2001.

Exercícios

1. Analise *poder, querer* e *dever* nos contextos dados. Que categorias modais estão associadas a eles?

PARA CONHECER **Semântica**

2. Retire do texto de Ana Miranda pelo menos um exemplo de cada uma das classes acionais: estativo, atividade, *achievement* e *accomplishment*.

> Escrevi livros, até demais, tenho um filho e plantei uma árvore, no jardim da casa onde cresci.
>
> Mas nunca construí uma casa. Sonho com isso. Um amigo meu, arquiteto, projetou e construiu belíssimas casas de taipa. Ele se chama Cydno da Silveira. Cydno estudava na UnB quando, observando residências rurais, surpreendeu-se com a quantidade de casas de taipa. Nunca tinha ouvido falar naquilo em seu curso, e percebeu o quanto era elitista o ensino de arquitetura. Ele se formou, passou a trabalhar com as técnicas industriais, como concreto armado, mas nunca esqueceu a taipa. Estudou durante anos a técnica. Descobriu a maleabilidade incrível do barro, novas estruturas, novos dimensionamentos do espaço e imensas possibilidades de melhoria na técnica tradicional. A casa de taipa nasce do chão, vem da natureza, é construída com o material que está ali. A casa de taipa é uma grande alternativa para a habitação no meio rural e nas periferias urbanas. Apesar de tudo isso é completamente ignorada pelos meios administrativos, considerada sub-habitação, não há nem mesmo linha de crédito nos órgãos do governo para casa de taipa. Nas esferas "civilizadas" há dificuldade em compreender a taipa. Quando, nos anos 1930, Lúcio Costa projetou uma vila operária, em Monlevade, toda em taipa de pau a pique, escreveu: "...faz mesmo parte da terra, como formigueiro, figueira-brava e pé de milho – é o chão que continua... Mas justamente por isso, por ser coisa legítima da terra, tem para nós, arquitetos, uma significação respeitável e digna." O Cydno vai projetar a minha casa de taipa. Vou querer na casa uma lareira, um fogão a lenha e uma vassoura daquelas de gravetos. ("Um amor, uma cabana", em *Caros Amigos*, n. 5, ago. 1997.)

3. Descreva as diferenças de interpretação entre *João leu a Bíblia quando era criança* e *João lia a Bíblia quando era criança*. Crie um contexto em que uma sentença seja falsa e a outra verdadeira. Discuta o aspecto perfectivo e o imperfectivo.

4. Analise as sentenças conforme a Semântica Modal, criando um contexto para elas e descrevendo a força e o tipo de modalidade.

   a. É capaz de chover hoje.
   b. Você precisa chegar cedo ao concerto, se quiser encontrar lugar para sentar.
   c. Romeu pode se casar com Julieta.
   d. Por mim, Romeu se casava com Julieta.
   e. Se Romeu e Julieta tivessem podido se casar, eles não teriam morrido.

5. Explique os dados a seguir, segundo a Semântica das Vozes Verbais. Discuta por que (1b) não é a voz passiva de (1a) e por que (2b) não é a voz média de (2a).

   (1) a. João adora chocolate.
       b. #Chocolate é adorado por João.
   (2) a. Maria escreveu este livro.
       b.*Este livro escreveu.

MODIFICAÇÃO

Objetivo geral do capítulo:

◯ Apresentar as noções semânticas fundamentais associadas aos modificadores.

Objetivos de cada seção:

◯ *Adjetivos – posição predicativa e atributiva*: introduziremos as operações básicas desempenhadas pelos adjetivos em posição predicativa e atributiva;

◯ *Adjetivos de grau e comparação implícita*: apresentaremos particularidades semânticas dos adjetivos e introduziremos os tipos diferentes de escalas modificadas;

◯ *Advérbios de modo, tempo e lugar*: trataremos dos modificadores verbais típicos, que expressam modo, tempo e lugar do evento denotado;

◯ *Intensificadores*: apresentaremos as particularidades dos advérbios que expressam intensificação de adjetivos, verbos e advérbios;

◯ *Advérbios de ato de fala*: discutiremos a classe especial de modificadores que modaliza as atitudes do enunciador;

◯ *Advérbios quantificadores*: trataremos dos modificadores que expressam frequência ou plural dos eventos denotados pelos verbos.

1. ADJETIVOS

Do ponto de vista do senso comum, não é raro ouvirmos que o substantivo é algo sólido, fundamental, e o adjetivo é algo supérfluo, um exagero dispensável. Por conta disso, você já deve ter ouvido que muitos escritores condenam o abuso de adjetivos. Mark Twain, por exemplo, dizia: "Quando conseguir agarrar um adjetivo, mate-o". Já Monteiro Lobato dizia que, "nos grandes mestres, o adjetivo é escasso e sóbrio". Alguns escritores radicais podem se eximir de usar adjetivos, enquanto outros, como Suassuna, confessam não saber escrever sem eles – que propriedades semânticas proporcionariam essas escolhas?

Uma das características semânticas dos adjetivos é a sua indeterminação. A interpretação de um adjetivo não é firme como uma rocha, lembra mais areia movediça. Por exemplo, o que entendemos por *branco*? Tecnicamente, é uma sensação visual devida à refração da luz que inclui todo o espectro de cores, sendo por isso considerada a junção de todas elas. Mas, se examinarmos bem, quando usamos esse adjetivo nem sempre estamos tratando da mesma tonalidade. A neve é branca, a esclera (parte do globo ocular) é branca, o papel é branco, há areias brancas, cabelos brancos, chocolate branco, goiaba branca, vinho branco, ouro branco, carne branca, dentes brancos... Cada um desses "brancos" é distinto do outro, ou seja, a tonalidade do chocolate não é a do ouro, nem a do cabelo, nem é a do branco dos olhos. A indeterminação é, portanto, um produto da combinação de adjetivos a nomes. Propriedades, como a brancura, não existem por si só, mas são encontradas nos indivíduos e substâncias que as apresentam. Na formação do sintagma adjetival, a interpretação é dependente de outras propriedades do nome com que o adjetivo é combinado. O que conta como branco para dentes é diferente do que conta como branco para ouro, por causa dessa combinação entre a propriedade de ser branco e as demais propriedades do dente ou do ouro.

Além da indeterminação semântica, outra questão que os adjetivos colocam é a de como eles se inserem na composição da sentença. A análise fregeana de sentenças (que foi apresentada na seção "Predicação e composicionalidade" e vem sendo discutida neste livro) considera que predicados são funções que pegam indivíduos como argumentos. Nessa abordagem, uma sentença como *O coelho é branco* apresenta *branco* como a função que toma *o coelho* como argumento. O adjetivo é, então, o predicado. *Branco* s-seleciona objetos com superfície refletora de luz para argumento. Daí #*O vento é branco* ser uma anomalia semântica. Mas como ficaria a composição da sentença *O coelho branco fugiu*? O predicado verbal *fugiu* toma como argumento *o coelho branco*, e temos o adjetivo interno ao argumento. Nesse caso, não podemos considerar que *branco* é uma função que toma *o coelho* como argumento. Se fosse assim, *o coelho branco* seria uma sentença completa da mesma forma que *O coelho é branco*, e sabemos que não é isso o que acontece.

Vamos refletir, primeiramente, sobre o significado da sentença *O coelho branco fugiu* (em comparação com *O coelho é branco*) e vamos enfrentar a questão composicional em seguida. Sabemos que *branco* nas duas sentenças expressa uma propriedade do coelho. Veja que a sentença *O coelho branco fugiu* é sinônima de *O coelho é branco e o coelho fugiu* (em que as duas ocorrências de *o coelho* são correferentes). Ou seja, esse adjetivo não expressa coisas diferentes em cada posição. O que muda é o modo como o adjetivo está sendo aplicado.

A categoria gramatical do adjetivo pode funcionar como um predicado e como um adjunto de um argumento. A Sintaxe Gerativa define essa categoria como [+nominal, +verbal] justamente para capturar esse fato. O adjetivo aparece tanto em posição predicativa (*O coelho é **branco***) quanto em posição atributiva (*O coelho **branco** fugiu*). A despeito dessa diferença, em ambas as posições sintáticas, o adjetivo denota uma qualidade ou classe de coisas a que o indivíduo referido pelo sintagma nominal pertence. Em linguagem conjuntística, temos:

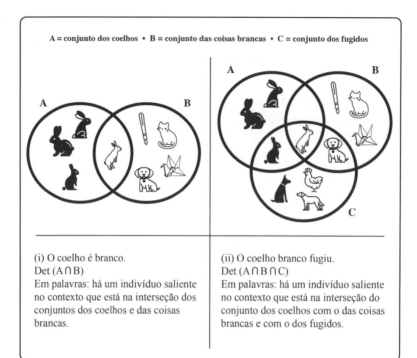

Crédito de imagens: *rabbit* by Brand Mania, Sara Saedi, Chanut is Industries, and Christy Presler from the Noun Project; *chicken* by Iconic from the Noun Project; *dog* by celine labaume and Iconic from the Noun Project.

Segundo a proposta de Barwise e Cooper (1981), que vimos no capítulo "O sintagma nominal", o determinante (Det, *o*) é responsável pela informação de como deve ser a interseção entre o conjunto denotado pelo predicado nominal (A, *coelho*) e o denotado pelo predicado sentencial (B, *branco*) na sentença (i). O artigo definido singular diz que deve existir um só elemento na interseção, ou seja, que existe um único coelho branco na situação examinada. Se *branco* se combina com o argumento e há outro predicado, um novo conjunto é inserido: o dos fugidos (C), como acontece em (ii). Continua sendo necessário que exista um coelho branco na situação examinada e agora, além disso, que ele seja o único coelho branco que fugiu na situação considerada. A interseção entre os três conjuntos precisa atender às condições impostas pelo determinante. Daí a ideia de que a operação feita pelo adjetivo seja sempre intersectiva, apesar da diferença na sua posição sintática.

Sendo os adjetivos intersectivos, espera-se que o referente do nominal sobre o qual operam esteja na interseção de todos os conjuntos contribuídos pelos adjetivos inseridos no argumento e, ainda, pelo predicador sentencial. Assim, acrescentando novos adjetivos, teremos mais conjuntos. Por exemplo, *O coelho branco saltador fugiu* será uma sentença verdadeira se houver um único indivíduo que seja coelho e que seja branco, que seja saltador e tenha fugido, isto é, sempre que o referente esteja na interseção dos quatro conjuntos: o dos coelhos, o das coisas brancas, o dos saltadores e o dos seres que fugiram. Isso vale também para os predicados sentenciais contendo mais de um adjetivo, como *Tambor é um coelho branco lindo*. A sentença coloca o referente de nome *Tambor* na interseção do conjunto dos coelhos, do das coisas brancas e do das coisas lindas. Uma maneira de verificar a intersectividade é montando os acarretamentos:

(1) Tambor é um coelho branco lindo.
(2) a. Tambor é um coelho.
 b. Tambor é branco.
 c. Tambor é lindo.

Esse acarretamento é válido. Se (1) for verdadeira, necessariamente todas as sentenças em (2) serão verdadeiras. O acarretamento também funciona reversamente. Observe que se as sentenças em (2) forem verdadeiras, a sentença em (1) não poderá ser falsa. É possível montar a mesma estrutura de acarretamento também quando o adjetivo é parte do argumento:

(3) O coelho branco saltador fugiu.
(4) a. O coelho é branco.
 b. O coelho é saltador.
 c. O coelho fugiu.

Dada a verdade de (3), a verdade de todas as sentenças em (4) é inescapável. Na direção inversa, caso sejam verdadeiras as sentenças em (4), será necessariamente verdadeira a sentença (3).

Logo, a intersectividade está presente tanto nos adjetivos que são parte do argumento quanto nos que são parte do predicador sentencial. Essa abordagem trata uniformemente a contribuição semântica do adjetivo, qualquer que seja sua posição sintática. Ela esclarece também a similaridade da operação realizada por um substantivo quando empregado como modificador (compare *coelho* e *branco* anteriormente). Assim, vemos que há uma vantagem em se assumir que os modificadores adjetivais (bem como outros, como os sintagmas preposicionados, tais como *de pelo comprido*, em *João ganhou um coelho de pelo comprido*) são intersectivos. Muitos dos trabalhos sobre o PB que discutem a semântica do adjetivo (Borges Neto, 1991; Mennuzzi, 1992; Lobato, 1990, 1992, 1993; e Boff, 1991) se baseiam nos acarretamentos de uma sentença com adjetivo. Mas veremos que nem todas as ocorrências dos adjetivos podem ter sua semântica imediatamente capturada por essa operação clássica.

1.1 Posição predicativa e atributiva

Mesmo assumindo a intersectividade do modificador, o fato de os adjetivos poderem aparecer em posição predicativa e atributiva impõe uma revisão nas operações semânticas de que dispomos. Em posição predicativa como em (5), a operação do adjetivo pode ser interpretada formalmente como uma interseção entre o conjunto dos vestidos e o conjunto das coisas vermelhas. No entanto, composicionalmente, é estranho pensar que *vestido* e *vermelho* formam um sintagma único antes da combinação com o determinante. Lembre-se de que a abordagem da Semântica Formal tem o compromisso de averiguar a interpretação das sentenças em conjugação com sua combinação sintática. Nesse caso, faz mais sentido pensar que o determinante *o* se combina com *vestido* e, em seguida, o adjetivo se aplica ao sintagma, realizando uma operação semelhante à dos verbos intransitivos como *sumir*. A sentença (5a) é, então, verdadeira se o indivíduo denotado por *o vestido* pertencer ao conjunto denotado pela função *é vermelho*, da mesma forma que (5b) será verdadeira se o indivíduo *o vestido* pertencer ao conjunto denotado pela função *sumiu*.

(5) a. O vestido é vermelho.
     b. O vestido sumiu.

Já em posição atributiva, a operação básica de um adjetivo é a de modificar sintagmas nominais, restringindo o seu domínio. No exemplo

(6), entendemos que há um elemento do conjunto das coisas sumidas que é definido de forma mais restrita em (6b) do que em (6a).

(6) a. O vestido sumiu.

  b. O vestido vermelho sumiu.

Essa operação de restrição é resultado da operação de interseção de dois conjuntos, descrita anteriormente, que se assemelha a uma conjunção. Observe que, na sentença (6b), aquilo que sumiu é ao mesmo tempo vestido e vermelho.

Não obstante, se o adjetivo *vermelho* for uma função que toma um argumento em (6b) da mesma forma que faz em (5a), teremos um desafio do ponto de vista composicional. O sintagma *vestido vermelho* em (6b) seria analisado da mesma forma que (5a), significando "o vestido é um elemento do conjunto das coisas vermelhas". Mas a essa altura teríamos um valor de verdade, como numa sentença completa, e não poderíamos seguir combinando isso com qualquer outra coisa, o que deixa de fora o verbo *sumir*. Veja que estamos de volta ao problema apresentado anteriormente.

Como preservar a interpretação de *vestido vermelho* como um vestido que é vermelho e conseguir que essa expressão funcione ainda como um argumento do verbo, permitindo a continuidade da derivação? Uma das soluções propostas na literatura foi criar uma operação nova, chamada de *modificação*, que, diferentemente da *predicação*, apresentada anteriormente, não transforma imediatamente funções aplicadas a seus argumentos em valores de verdade, mas permite que os predicados formem conjunções para se aplicarem ao mesmo argumento. Assim, a junção de um nome como *vestido* ao adjetivo *vermelho* em posição atributiva, por meio de modificação, cria um terceiro conjunto (mais restrito) dos indivíduos que são, ao mesmo tempo, vestidos e vermelhos. Já a junção de *vestido vermelho* ao determinante seleciona o indivíduo saliente no contexto que pertence a esse conjunto. A junção do sintagma de determinante *o vestido vermelho* ao sintagma verbal se dá por predicação, conforme vimos anteriormente, e satura a função do predicado *sumiu*.

(7)   O vestido vermelho sumiu.
Predicação = o vestido vermelho saliente
no contexto pertence ao conj. do que sumiu

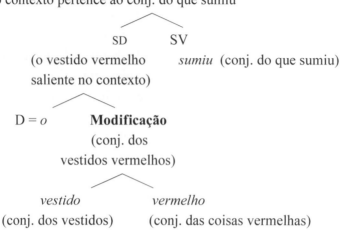

Uma vez tendo sido acertado o modo como arquitetar a sentença, incluindo a contribuição do adjetivo, esse modificador deixa de ser um obstáculo para a composicionalidade semântica. Mas há ainda outros aspectos dos adjetivos que nos levam a examinar a interface sintaxe-semântica.

As línguas que têm adjetivos como categorias morfossintáticas independentes, como o português e muitas outras, apresentam um padrão. Em inglês, o adjetivo atributivo precede o nome (*the red dress*, *the dress red), enquanto em línguas românicas o adjetivo costuma vir depois do nome (**o vermelho vestido*, *o vestido vermelho*). Esses adjetivos que aparecem em posição atributiva canônica em línguas românicas podem também vir em posição predicativa e, semanticamente, comportam-se como adjetivos intersectivos, pois há acarretamento entre a forma predicativa e a atributiva. Veja:

(8)   a. Vamos levar a mesa redonda para o quintal.
      b. A mesa é redonda.

Além de *redonda* poder aparecer tanto na posição atributiva (8a) quanto na predicativa (8b), toda vez que (8a) for verdadeira, (8b) necessariamente será. No entanto, há alguns adjetivos do PB que não ocupam a posição atributiva canônica (8a), mas precedem o nome (9a). Mas veja que adjetivos como esse não podem aparecer em posição predicativa (9b) nem em posição atributiva canônica (9c).

(9) a. O futuro marido da atriz é ciumento.
     b. *O marido da atriz é futuro.
     c. *Seu marido futuro é ciumento.

Como adjetivos do tipo de *futuro* são muito poucos (*mero*, *exímio*, *pretenso*, *suposto*...), talvez fosse o caso de dar um tratamento à parte para eles, e manter como padrão geral os adjetivos intersectivos.

Afinal, a maioria dos adjetivos do PB em posição atributiva aparece depois do nome. Mas há outros fatos com os quais teremos de lidar. Veja:

> Veja que esse tipo de adjetivo parece ser intensional. Esses adjetivos parecem precisar de ordenação temporal, de episódios, ou de mundos alternativos ao real. Esse tipo de informação pode estar relacionado à posição à esquerda do nome (por semelhança à projeção sintática dessa noção nas sentenças), o que condiz com a sua posição pré-nominal.

(10) a. Jack Estripador é um perfeito assassino.
     b. Jack Estripador é assassino.
     c. Jack Estripador é perfeito.

Quem tomar (10a) como verdade, terá de reconhecer (10b) como verdadeira, mas nem por isso irá aceitar (10c) como uma verdade decorrente de (10a): ser um perfeito assassino não acarreta ser (alguém) perfeito. No caso de *perfeito*, não podemos alegar que o problema se restrinja aos adjetivos que nunca entram em posição predicativa, porque (10c) é gramatical, embora não seja uma consequência lógica de (10a). Verificamos que esse adjetivo também pode aparecer na posição canônica do PB: *Eles formam um par perfeito*, *Ele está em seu juízo perfeito* etc. Seria, então, *perfeito* um caso isolado, diferente dos demais? O problema é que o comportamento de *perfeito* não parece ser uma raridade em PB. O silogismo em (11) mostra a não intersectividade de outro adjetivo:

(11) a. Jack Estripador é um excelente assassino.
     b. Jack Estripador é médico.
     c. Jack estripador é um excelente médico. (*Non sequitur*)

PARA CONHECER Semântica

Ainda que se sejam verdadeiras as premissas (11a,b), a verdade de (11c) não decorre delas. Se trocarmos *excelente* por *mau, bom* ou *péssimo* em (11), obteremos o mesmo resultado.

Entre os adjetivos que aparecem em posição atributiva canônica (depois do nome, em PB) e também em posição predicativa, há um número considerável deles que não apresentam o acarretamento que indica intersectividade. Podemos engrossar a lista com *pequeno, grande, pobre, alto, simples, velho, novo, belo, antigo, habilidoso, gordo, estreito* etc. Todos eles aparecem tanto após o nome em PB quanto em posição predicativa, mas não produzem sempre o acarretamento esperado de modificadores intersectivos. Será que esses fatos do PB nos obrigam a descartar a nossa análise anterior do adjetivo, como basicamente fazendo modificação intersectiva?

Esses fatos não são exclusivos dos dados do PB; foram notados pela primeira vez por semanticistas examinando dados do inglês. Verificou-se que muitos adjetivos do inglês não produziam os acarretamentos indicativos de intersectividade. Adjetivos do italiano e do espanhol, encontrados tanto em posição atributiva quanto em predicativa, também apresentam o mesmo comportamento. Nos anos 1970, fatos como os ilustrados em (10) e (11) foram usados para questionar um tratamento semântico

> Alguns semanticistas (como Siegel, 1976) separavam os adjetivos em dois grupos: os **predicativos**, que denotam propriedades, e os **atributivos**, que teriam outros significados. Para outros (Lewis, 1970; Wheeler, 1972; Cresswell, 1973; Montague, 1974), no entanto, os adjetivos não intersectivos são a evidência de que adjetivos não denotam diretamente propriedades, e sim mapeiam propriedades a (novas) propriedades.

formal, composicional, dos adjetivos. É preciso lembrar que a Semântica Formal é uma ciência empírica e preditiva, e momentaneamente parecia que a previsão da semântica intersectiva proposta para os adjetivos não se realizaria. Até que novas regularidades foram notadas, proporcionando uma análise diferente.

Uma especificidade das línguas românicas, entre elas o PB, é que alguns adjetivos não intersectivos podem ocupar as duas posições atributivas, uma antes e outra depois do nome: *o pequeno produtor rural, uma orelha pequena*; *um grande homem, um homem grande*; *o alto funcionário, o funcionário alto*; *uma simples coincidência, uma pessoa simples*; *um velho hábito, um pano velho*; *um belo prato, um jardim belo* etc. A diferença na posição gera diferença de significado. Por exemplo, Santos Dumont foi certamente *um grande homem*, mas não era *um homem grande*, pois tinha 1,52m de altura e era franzino. A diferença de significado aparece nas condições de verdade diferentes. Já *o novo presidente* é alguém que acabou de ser eleito para o cargo (mesmo que seja idoso – pode se referir a Trump logo após sua posse, em 2016, mesmo ele sendo o mais velho americano a ter sido empossado presidente, aos 70 anos), e *o presidente novo* pode descrever alguém que, além de ter o cargo, é jovem, novo em idade, como Emmanuel Macron, que se tornou presidente da França aos 39 anos (além de também poder se referir a um presidente recém-eleito). Os significados diferentes atribuídos em cada posição permitem que a expressão *a pobre menina rica* não seja uma contradição.

Uma das interpretações obtidas em posição pós-nominal é a intersectiva, que é sempre igual à obtida em posição predicativa. Mas, quando o adjetivo está antes do nome, sua única interpretação é não intersectiva. Exemplificamos contrastando *um bom médico* (nem todos os médicos são profissionais competentes, então esse é um subconjunto dos médicos) com *um médico bom* (que até pode não ser um profissional competente, mas necessariamente tem título de médico e tem um bom coração).

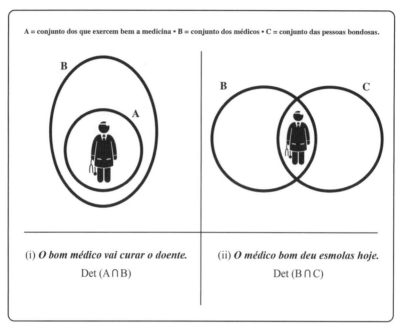

Crédito de imagem: *doctor* by Gan Khoon Lay from the Noun Project.

Encontramos três grupos de adjetivos em PB (uma língua românica): (i) os bem-comportados, que são a grande maioria e aparecem depois do nome e em posição predicativa, sempre e somente com leitura intersectiva (*vermelho*); (ii) a dos que são agramaticais em posição predicativa, aparecendo apenas antes do nome (e que nunca apresentam leitura intersectiva, mas apenas intensional – ex. *futuro*, *mero*); e a (iii) a dos que aparecem em posição predicativa e em posição predicativa canônica, depois do nome, com interpretação intersectiva, mas que além disso podem vir antes do nome (com interpretação não intersectiva, como em *o pobre riquinho*). A classe (i), que só aparece em posição canônica dentro do SN estendido, é bem-comportada: é sempre intersectiva. Para o grupo (ii), nunca há leitura intersectiva, mas esses adjetivos são muito poucos: a literatura os trata como exceções à regra. São os membros da classe (iii), em número razoável, que ameaçam a análise da intersectividade. Na posição predicativa, os adjetivos da classe (iii) são sempre intersectivos (*João é pobre*); na posição atributiva canônica, podem ser intersectivos ou não (na sentença ***O menino pobre*** *tem* ***uma dieta pobre***, o sujeito é alguém ao mesmo tempo menino e pobre – leitura intersectiva –, mas o complemento não é algo que seja ao mesmo tempo uma dieta e pobre: a dieta é pobre enquanto dieta, tem menos caloria do que outras; não se obtém a leitura intersectiva). Estando na posição canônica, a interpretação prevista para adjetivos é a intersectividade, o que não reflete os fatos da classe (iii).

Vimos uma regularidade em PB quanto a alguns adjetivos que nem sempre geram os acarretamentos típicos dos intersectivos: quando atributivos, eles podem aparecer tanto antes quanto depois do nome. Em línguas como o inglês, em que não há essa dica sintática (em inglês, os adjetivos sempre aparecem antes do substantivo), a semântica desses adjetivos foi esmiuçada pelos semanticistas. A primeira regularidade encontrada foi quanto ao fato de todos eles mudarem de interpretação de acordo com o contexto. Um famoso par de exemplos de Barbara Partee (adaptados para o PB) ilustra bem isso:

(12) a. Os alunos da faculdade fizeram *um boneco de neve bem alto* ontem.

b. Meu filho de 2 anos fez *um boneco de neve bem alto* ontem.

As duas ocorrências de *boneco de neve bem alto* não são interpretadas com a mesma altura, dadas as informações sobre o construtor: uma criança de 2 anos, provavelmente, não construiria nada que ultrapassasse 90 cm, enquanto os marmanjos

> Cinque (2010, 2014) propõe que a fonte das diferentes interpretações dos adjetivos em línguas românicas é sintática. Ele propõe duas construções sintáticas distintas para os adjetivos atributivos: a oração relativa reduzida, que só pode ser realizada à direita do núcleo, e uma projeção funcional, que pode aparecer tanto à esquerda quanto à direita do nome. Daí haver ambiguidade quando o adjetivo está à direita do nome, mas só uma leitura quando o adjetivo vem antes do nome na ordem linear. Quando construído como oração relativa reduzida, o adjetivo tem leitura intersectiva. Nessa proposta, a sintaxe explica por que não há interpretações intersectivas para adjetivos antepostos ao nome. Mas não explica por que alguns adjetivos, como *suposto*, só podem ser construídos como projeção funcional, enquanto, em sua grande maioria, os adjetivos da língua, tal como *vermelho*, só podem ser construídos como orações relativas, aparecendo somente após o nome. E não identifica o traço especial da classe de adjetivos que pode ser construída dos dois jeitos, que inclui *alto* e *grande*.

universitários facilmente poderiam construir um boneco que passasse de 2 m de altura. Como é que a referência do sintagma adjetival (SA) pode ser sensível a esse tipo de informação? Um outro exemplo famoso, de Heim e Kratzer (1998), original em inglês, aqui adaptado para o PB, mostra bem como a interpretação desses adjetivos é sensível ao contexto:

(13) a. Dumbo é um elefante pequeno.
   b. Dumbo é um animal.
   c. Dumbo é um animal pequeno. (*Non sequitur.*)

Mesmo (13a) acarretando (13b), pois todo elefante é um animal, se tomarmos como verdadeiras as premissas (13a) e (13b) não aceitaremos como verdadeira a conclusão (13c), pois, ainda que Dumbo seja pequeno para um elefante, qualquer elefante, incluindo os menores entre eles, será um grande animal, maior que formigas, ratos, gatos, cachorros etc. A hipótese natural é que o nome com que o adjetivo concorda identifique a classe de comparação. Em (13a), comparamos o tamanho de Dumbo aos demais tamanhos de elefantes, e em (13c) comparamos o tamanho de Dumbo aos tamanhos dos demais animais. Isso daria conta de (13), mas no exemplo (12) de Partee, apesar de não haver duas classes de comparação distintas fornecidas pelo nome, *o boneco de neve bem alto* não permanece com a mesma altura nos dois exemplos; poderíamos talvez considerar duas fontes possíveis de classe de comparação, o nome dentro do sintagma que contém o adjetivo ou um outro sintagma na sentença (o sujeito, nos exemplos de Partee) com a mesma propriedade (de altura). Mas Heim e Kratzer (1998) oferecem outro exemplo, no qual fica ainda mais difícil encontrar, na sentença, a fonte das interpretações diferentes. Elas pedem para consideramos um mundo com animais tal como os conhecemos, em que os elefantes são tais como os conhecemos, e para levarmos em conta que Dumbo é o maior de todos eles. Mas monstros intergalácticos estão para invadir esse planeta, e eles são, em média, três vezes maiores que os elefantes. Os elefantes e os monstros alienígenas estão para entrar em combate. Nesse contexto, ainda que seja verdade que os elefantes estão entre os maiores animais do planeta, e que Dumbo é grande até para um elefante, seria muito natural o comentário:

(14) Coitado do Dumbo! Ele é só um pequeno elefante, não tem nenhuma chance.

O exemplo (14), que seria verdadeiro nessa situação, mostra que não é algum material linguístico pronunciado, como o nome dentro do sintagma adjetival, que influencia a interpretação, mas o contexto (o fundo conversacional, algo que não precisa estar pronunciado). Como dissemos que Dumbo é o maior dos elefantes, se o nome nos fornecesse a classe de comparação, então jamais poderíamos aceitar como verdadeira a descrição *um pequeno elefante*, já que, entre seus iguais, ele é enorme. Mas aceitamos porque estamos pensando no tamanho descomunal de seus oponentes.

Essa discussão traz mais um ingrediente para a interpretação dos adjetivos: a dependência contextual. O silogismo com adjetivos assim é *non sequitur* apenas porque foram assumidas classes de comparação distintas para a premissa e para a conclusão. Esse ingrediente silencioso (que não depende de nenhum sintagma componente da sentença), proveniente do contexto, é muito dinâmico e nem sempre é mantido de uma sentença para outra. Uma vez controlada a classe de comparação, ou seja, quando ela é explicitada, para que permaneça a mesma, o silogismo se torna válido:

(15) a. Dumbo é grande (para um animal).
   b. Dumbo é um animal.
   c. Dumbo é um animal grande.
(16) a. João é um bom médico.
   b. João é um médico.
   c. João é bom (profissionalmente, em medicina).

Concluímos que, na verdade, essa classe de adjetivos é também intersectiva, desde que a dependência contextual seja levada em conta. Ao contrário do que os críticos dos anos 1970 pensavam, os fatos não nos forçam a abandonar um tratamento formal, composicional para os adjetivos. Só era preciso saber um pouco mais sobre eles para manter a abordagem intersectiva.

PARA CONHECER Semântica

1.2 Adjetivos de grau e comparação implícita

Retomando, em PB, pelo seu comportamento sintático, todos os adjetivos se subdividem em três variedades gerais: (i) alguns poucos só são licenciados em posição atributiva, como *futuro* e *pretenso*, e só aparecem antes do nome (*o pretenso comprador*, **o comprador pretenso*, **o comprador é pretenso*); (ii) a maioria é licenciada em posição predicativa e em posição atributiva canônica, depois do nome, sendo agramatical antes dele (*a mesa redonda*, **a redonda mesa*, *a mesa é redonda*); e, finalmente (iii), um bom número, mas minoritário diante da quantidade de adjetivos do tipo (ii), aparece tanto em posição predicativa quanto em atributiva, e pode vir tanto antes quanto depois do nome (*a grande guerra*, *a sala grande*, *a sala é grande*).

Em termos formais, só os da classe (i) não são intersectivos. Os da classe (iii) apresentam dependência contextual, mas são intersectivos tanto em posição predicativa quanto na posição atributiva canônica, a pós-nominal, desde que a informação proveniente do contexto seja controlada para não oscilar. Apesar de a classe (ii), dos canônicos, ter em comum com a classe (iii) a propriedade da intersectividade, há testes semânticos que distinguem uma da outra. Só os adjetivos dependentes do contexto (os da classe (iii)) podem participar de construções comparativas (17a, 18a), podem ser intensificados (17b, 18b) e apresentam opostos/contrários (17c, 18c):

(17) a. O CD é mais novo que o LP.

b. O CD é muito novo.

c. O oposto de *novo* é *velho*.

(18) a. #A cafeteira é mais elétrica que a geladeira.

b. #A cafeteira é muito elétrica.

c. O oposto de *elétrica* é *???*

Os paradigmas (17) e (18) mostram que *novo* é um adjetivo dependente do contexto, mas *elétrica* não é. Todos os adjetivos da classe (iii) passam nesse teste, e todos os adjetivos da classe (ii) falham nele (aplique os testes a outros exemplos você mesmo, para verificar). Os adjetivos com dependência contextual têm, então, um comportamento gramatical diferente dos demais. São os chamados "adjetivos de grau".

168

Nesta seção, vamos falar um pouco mais sobre esse grupo. Numa análise tradicional, diríamos com a sentença (19a) que a cafeteira pertence ao conjunto das coisas movidas a eletricidade, e que (19b) expressa o pertencimento de Maria ao conjunto dos altos. Você acha que faz sentido dizer isso nos dois casos? É fácil pensar numa separação entre artefatos elétricos e aqueles que não são, mas como elaborar um conjunto de tudo o que é alto? O que é alto em um contexto vai sempre ser alto em outros? Você já deve ter percebido diferenças entre adjetivos como *elétrico* e *alta*.

(19) a. A cafeteira é elétrica.
b. Maria é alta.

Uma cafeteira ou é elétrica ou não é. Mas, apesar de Maria ter invariavelmente a mesma altura (depois de adulta), digamos, 1,65m, ela pode ser considerada alta por algumas pessoas no Brasil (que estão pensando na altura média da mulher brasileira, 1,59m), mas não por outras na Holanda (levando em conta que a média da altura de uma holandesa é 1,76m). O julgamento de valor de verdade da mesma sentença, sem variar a altura da pessoa, pode mudar conforme o contexto. Considerando que Maria é uma ginasta, com 1,65m, (19b) será verdadeira; mas considerando que Maria é uma jogadora de basquete, (19b) será falsa. Logo, não é possível considerar um conjunto das pessoas altas, porque esse conjunto varia de acordo com informações contextuais.

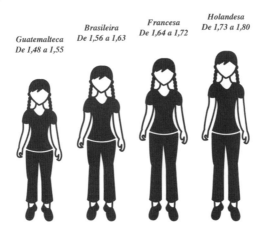

Crédito de imagens: *girl* by Deepz from the Noun Project.

Mas qual seria a origem dessas informações contextuais? Na perspectiva teórica desenvolvida por Kennedy (1997) e Kennedy e McNally (2005), adjetivos como *alto* são adjetivos de grau e fazem uma comparação implícita. Sendo assim, a forma subjacente a (19b) seria *Maria é mais alta que X,* em que o parâmetro de comparação (o valor de *X*) é livremente retirado do contexto. Maria tem sempre a mesma altura: 1,65m. A semântica de um adjetivo de grau como *alta* exige que seu argumento (Maria) apresente um grau da propriedade (altura) que seja o mais elevado entre os comparados. Então, quando a escolha do outro termo de comparação (o parâmetro *X*) recai sobre as demais brasileiras ou as guatemaltecas, (19b) será verdadeira, porque 1,65m é um valor maior que 1,59m e que 1,51m (a média das guatemaltecas). Mas se for escolhida para comparação à altura das francesas ou das holandesas, (19b) será falsa, pois a altura de Maria passa a ser a menor entre os graus comparados. Essa abordagem explica facilmente a variação no julgamento de valor de verdade da sentença.

Nessa abordagem, adjetivos de grau têm **propriedades escalares**. Eles tiram a medida que seu argumento tem da propriedade e fornecem o grau correspondente numa escala (o equivalente aos 1,65m de Maria). Uma **escala** é uma sequência de graus em ordem crescente, de zero até o infinito, como numa régua que não tivesse fim. A partir dos graus ordenados do argumento (Maria) e do parâmetro de comparação, é possível avaliar o valor de verdade da sentença.

(20) *Maria é alta* é verdadeira.

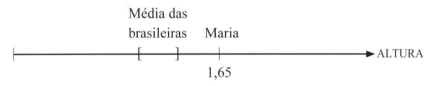

(21) *Maria é alta* é falsa.

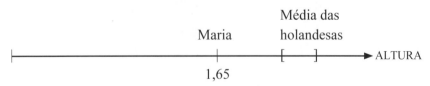

Quando o adjetivo é usado na posição predicativa, como em *Maria é alta*, dizemos que ele está em sua forma positiva. Isso quer dizer que ele é aplicado diretamente ao argumento, sem fazer qualquer comparação explícita (embora, como vimos, a comparação seja feita de forma implícita, com o parâmetro contextual fornecido pelo contexto). Dizemos que, nesses casos, há uma operação implícita, que determina qual a relação que deve haver entre os objetos comparados, para que a sentença seja verdadeira.

As sentenças comparativas explícitas podem ser divididas em três tipos: (i) de superioridade (*Maria é mais alta que Ana*); (ii) de inferioridade (*Ana é menos alta que Maria*); e (iii) de igualdade (*Maria é tão alta quanto Bia*). As comparativas implícitas expressas pelo uso positivo dos adjetivos podem seguir uma dessas três formas. Alguns adjetivos, como *alta*, expressam uma comparação de superioridade (seu argumento precisa ter o maior grau entre os comparados).

O adjetivo *baixo*, por sua vez, promove uma comparação de inferioridade. Os polos opostos dos adjetivos participam da mesma escala, mas em ordem inversa. Isso explica o teste dos polos opostos: há dois adjetivos por escala, promovendo relações inversas entre os graus comparados. Então, *baixo* também compara graus de ALTURA, mas seu argumento precisa ter o menor grau entre os comparados. Por isso, no nosso cenário, *Maria é baixa* se comparada com a holandesa, mas não se comparada com a guatemalteca.

(22) *Maria é baixa* é verdadeira.

(23) *Maria é baixa* é falsa.

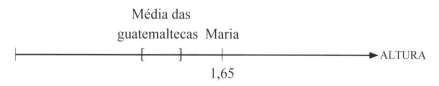

Esses adjetivos de grau que exprimem comparações de superioridade/inferioridade são considerados adjetivos que têm escalas abertas, porque não está previamente determinado qual será o termo de comparação implícita quando são usados em sua forma positiva. A escolha é livre, e, dependendo dela, o grau do argumento do adjetivo pode ser maior ou menor do que intervalo da escala considerado: sua posição fica em aberto. Esse é o caso de *alto-baixo*, vistos anteriormente. Outros exemplos de escalas abertas são a de PESO/MASSA CORPORAL (*gordo-magro*), a de LARGURA (*largo-estreito*), a de IDADE (*velho-novo*), a de ESTADO DE ÂNIMO (*alegre-triste*) etc.

Uma característica das escalas abertas é que a negação de um polo não implica a afirmação do outro. Alguém pode não ser gordo sem ser magro (sendo regular), não ser alto sem ser baixo (tendo estatura média), não estar alegre nem triste (estando normal), e assim por diante.

Há outros adjetivos que não estão associados a escalas abertas, mas que também têm esse comportamento. *Cheio* e *vazio*, por exemplo, não têm escolhas livres para a posição do intervalo considerado para comparação (como no caso de *alto* e *baixo*). Para um copo estar cheio, tem de trazer água até a boca: seu conteúdo tem de ser igual à capacidade máxima do recipiente. Para o copo estar vazio, ele tem de estar totalmente desprovido de conteúdo, ou seja, trazer conteúdo igual a zero. Veja que esses adjetivos expressam comparação de igualdade. Um copo que traga um nível de conteúdo diferente desses, por exemplo, que tenha água até a metade, não está cheio nem está vazio. *Cheio* e *vazio* são adjetivos de uma escala de OCUPAÇÃO, fechada nas duas pontas.

vazio cheio

Adjetivos que promovem comparações de igualdade pertencem a escalas fechadas, porque já sabemos de antemão com o que o grau da propriedade medido para aquele argumento (o nível de água no copo) será comparado. Uma consequência é que não podemos ir ao contexto buscar livremente um parâmetro de comparação. Se o copo traz água até a borda, o fato de estarmos vendo copos transbordantes não vai nos fazer reavaliar o julgamento de valor de verdade dado à sentença *O copo está cheio* (compare com o que fizemos para *Maria é alta*).

Há outros adjetivos que estão associados a escalas que não são fechadas nas duas extremidades, mas numa única ponta, como as de ESTIRAMENTO (*esticado-frouxo*), de ABERTURA (*aberto-fechado*), de SUJEIRA (*limpo-sujo*), de RUGOSIDADE (*liso-enrugado*) etc. A ponta fechada é uma comparação de igualdade (um prato limpo tem um grau de sujeira igual a zero) e a ponta aberta é uma comparação de igualdade, mas pelo lado da diferença (um prato sujo tem qualquer grau de sujeira diferente de zero, podendo estar um pouco ou muito sujo). Os adjetivos de escalas fechadas numa única ponta têm a propriedade de que a negação de um polo acarreta a afirmação do outro. Se um prato não está *limpo*, necessariamente ele está *sujo*, e, inversamente, se o prato não está *sujo*, ele necessariamente está *limpo*.

|————————————————————————————| SUJEIRA

0%   valor > 0%

limpo   sujo ——►

Adjetivos de escala fechada (numa ponta apenas ou em ambas) são chamados de **adjetivos absolutos**, porque o parâmetro de comparação não está presente no contexto, mas está predeterminado por uma propriedade do nominal modificado pelo adjetivo. O estado atual do argumento do adjetivo é comparado a um estado possível dele mesmo. Daí mudanças na situação de proferimento da sentença não influenciarem o julgamento de valor de verdade com sentenças em que o adjetivo é absoluto.

É preciso considerar que os adjetivos absolutos estão sujeitos ao fenômeno da imprecisão, que é a tolerância a diferenças de pouca importância entre os dois graus participantes da comparação de igualdade, devidas a condicionamento cultural ou a situações comunicativas de frouxidão. Por exemplo, toleramos que um copo de refrigerante cheio não tenha conteúdo até a borda, como é exigido de um copo cheio de chope; uma taça de vinho servida num restaurante, então, pode ser considerada cheia com ocupação de um terço; essas diferenças são fruto dos nossos costumes. Tal variação é chamada de imprecisão.

Os adjetivos de escala aberta, como *alto* e *baixo*, são adjetivos relativos, porque, como vimos, o intervalo com o qual será realizada a comparação de superioridade ou inferioridade é dependente do contexto. Essa propriedade é definida pela teoria em termos de "vagueza", que é a alteração do julgamento de valor de verdade da sentença contendo esses adjetivos por conta de mudar a escolha do parâmetro de comparação no contexto.

Se retomarmos a primeira propriedade que apresentamos dos adjetivos, a indeterminação, temos, então, três propriedades, que estão esquematizadas no quadro-resumo.

Crédito de imagens: *snow* by Atif Arshad from the Noun Project; *old woman* by Royyan Wijaya from the Noun Project; *rose* by Luke Keil from the Noun Project; *elephant* by Francesco Cesqo Stefanini from the Noun Project; *monkey* by Cristiano Zoucas from the Noun Project; *beer* by Saloni Sinha from the Noun Project; *whiskey* by Saeful Muslim from the Noun Project; *wine* by Fabio Meroni from the Noun Project; *coffee* by Rigo Peter from the Noun Project.

Repare que aqueles adjetivos do PB que podem aparecer tanto à esquerda quanto à direita do nome, em posição atributiva, são um subconjunto dos adjetivos de grau: os relativos. Não podemos dizer *o cheio copo, nem *a limpa toalha, mas dizemos o grande escritor e o alto funcionário. Então uma propriedade semântica dos adjetivos (ser de grau, ser de escala aberta) explica seu comportamento sintático idiossincrático (poder sair da posição canônica no emprego atributivo) em PB.

> É interessante saber que as traduções dos adjetivos em línguas diferentes, como inglês, PB e karitiana, segundo a literatura existente, se classificam da mesma forma. Haveria um possível universal aí? Talvez. Para ter certeza, é preciso investigar mais. Para saber mais sobre essa classificação em outras línguas, indicamos a leitura de Quadros-Gomes e Sanchez-Mendes (2015).

2. ADVÉRBIOS

Todos os estudos linguísticos e gramaticais concordam que a classe dos advérbios é uma classe bastante heterogênea. Eles são modificadores, mas modificam constituintes bem diferentes entre si nas sentenças (como em Maria cozinha **bem**, em que a eventualidade de cozinhar, quando tendo por agente Maria, é apresentada como executada com perícia; ou em Pedro saiu **calmamente**, em que o estado emocional de Pedro por ocasião dessa saída é caracterizado como calmo), ou o argumento-evento (dizendo quando ou onde a eventualidade aconteceu, como em João chegou **em casa às 5 da manhã**), ou a proposição inteira (como em **Infelizmente**, esse produto está esgotado, que expressa a posição do falante sobre o conteúdo da proposição), ou seu valor de verdade (Maria **não** cozinha bem tem condições de verdade contrárias a Maria cozinha bem)... Por isso, esta seção está dividida em subseções que agrupam os advérbios de acordo com a operação semântica que realizam. Não esgotamos todos os tipos de advérbios, mas nos concentramos em alguns deles.

Os advérbios mais bem-comportados, por trazerem poucos problemas de análise, são os chamados advérbios de domínio, que restringem a aplicação do predicado a um domínio de significado específico (um campo semântico). Veja os exemplos a seguir.

PARA CONHECER Semântica

(24) a. A palavra favela já foi considerada *politicamente* incorreta.

b. A favela é *socialmente* um espaço segregado.

c. A favela é *etimologicamente* um produto da Guerra dos Canudos.

Os advérbios em (24) podem ser parafraseados por expressões do tipo *da perspectiva da política, do ponto de vista social, em termos etimológicos* etc. Mas há diversas outras funções adverbias, como veremos nas próximas seções.

2.1 Advérbios de modo, tempo e lugar

Os advérbios de modo, tempo e lugar realizam uma operação no domínio verbal de certa forma semelhante à dos adjetivos no domínio nominal em posição predicativa, caracterizando e restringindo seu domínio. Veja os exemplos em (25). *Rápido, ontem* e *aqui* estão modificando o predicado verbal *chegou*.

(25) a. João chegou *rápido*.

b. João chegou *ontem*.

c. João chegou *aqui*.

Para dar conta de exemplos como esse, a teoria semântica lançou mão da noção do argumento-evento, apresentado no capítulo anterior. Vimos que, segundo essa abordagem, certos tipos de predicados verbais possuem um evento como argumento. O verbo *chegar*, segundo essa proposta, não denota mais um predicado de indivíduos, como vimos anteriormente, mas um predicado de eventos. Assim,

Um dos pioneiros de uma proposta semântica que considera eventos foi Terence Parsons. Um de seus argumentos para que a teoria passasse a adotar eventos em sua denotação foi justamente o uso de advérbios do tipo *rápido*. Para ele, o fato de usarmos expressões como essa, que fazem referência explícita aos eventos, é uma das evidências de que devemos ter eventos em nossa ontologia semântica. Além disso, sua proposta elimina uma das questões problemáticas de propostas que não consideram eventos: a de que advérbios executam uma predicação de segunda ordem, já que seriam predicados de predicados (advérbios se aplicam a verbos, que se aplicam a indivíduos).

176

Modificação

uma sentença do tipo *João chegou* expressa que há um evento de chegar e que o João é o agente desse evento. Portanto, a sentença (25a) tem suas condições definidas em (26):

(26) Existe um evento de chegar, João é o agente deste evento, e este é um evento rápido.

Os advérbios de tempo e lugar localizam a eventualidade de que a sentença fala em coordenadas espaço-temporais, enquanto os de modo predicam da eventualidade. O argumento-evento permite capturar a propriedade de intersectividade desses modificadores do domínio verbal. Você pode ter notado a semelhança dessa operação com a vista anteriormente para os adjetivos. Quando dizemos que *Isto é um vestido vermelho*, estamos dizendo que há um indivíduo que pertence ao conjunto dos vestidos e também pertence ao conjunto das coisas que são vermelhas. As relações de acarretamento apresentadas em (27) e (28) ilustram essa semelhança. Da mesma forma que o acarretamento ocorre de (27a) para (27b), ele também se dá de (28a) para (28b).

(27) a. Isto é um vestido vermelho.
b. Isto é um vestido.
(28) a. João chegou ontem.
b. João chegou.

Além dos modificadores de modo, tempo e espaço, que modificam diretamente o evento, há outros tipos que não são capturados por essa operação.

2.2 Intensificadores

Os advérbios intensificadores merecem uma seção própria, porque executam uma operação distinta da dos modificadores de modo, tempo e lugar. Do ponto de vista sintático, sabemos que os advérbios intensificadores são os únicos que podem modificar outras classes de palavras além dos predicados verbais, como ilustrado em (29). Aliás, o fato de poderem modificar também adjetivos, bem como outros advérbios, influenciou na forma como as gramáticas tradicionais definem toda a classe de advérbios.

(29) a. João é *muito* inteligente.

b. João correu *muito*.

c. João correu *muito* rápido.

Além disso, do ponto de vista semântico, esses modificadores realizam uma operação muito distinta. Vamos começar pela modificação de adjetivos, de que acabamos de falar. Vimos anteriormente que a aceitação de modificação por intensificadores serve de teste para identificar os adjetivos de grau (comparamos *muito novo* a *muito elétrico). O fato de apenas adjetivos de grau aceitarem intensificação se explica se entendermos que os intensificadores são modificadores de grau, ou seja, que tomam como argumento um sintagma de grau e alteram as condições impostas pelo adjetivo à comparação implícita que executa.

Por exemplo, o Morro do Couto, localizado no Parque Nacional Itatiaia (MG/RJ), pode ser considerado *alto* (está a 2.680 metros do nível do mar), e assim mesmo não ser considerado *muito alto* (já que o Pico da Neblina, na Serra do Imeri (AM), tem 2.995 metros; e, fora do Brasil, na América do Sul, há pontos muito mais altos, como o monte Aconcágua – também conhecido como o Sentinela de Pedra –, que tem 6.962 metros de altitude). Intuitivamente, quando o advérbio *muito* é aplicado a um adjetivo, ele exige uma diferença maior ou mais significativa entre os termos da comparação que o adjetivo não modificado, embora na mesma direção. Tanto para ser *alta* quanto para ser *muito alta* uma montanha tem de apresentar uma altura acima da do termo de comparação contribuído pelo contexto. Porém, estar acima de 2.500 metros é suficiente para ela ser *alta*, mas não é o bastante para ser *muito alta*, já que as montanhas variam em altura entre 1.800 e quase 7 mil metros. Dissemos que *alto* é um adjetivo que impõe uma comparação de superioridade, e seu oposto, *baixo*, uma comparação de inferioridade. Assim como *muito alto* continua a ser uma comparação de superioridade, *muito baixo* será, tal como *baixo*, uma comparação de inferioridade. Assim, o morro do Couto pode ser considerado *baixo*, embora não *muito baixo*, se a comparação for com o Pico da Neblina; mas será *muito baixo* em comparação ao Sentinela de Pedra.

Então, a ordem entre os termos comparados é dada pelo próprio adjetivo, mas o modificador de grau impõe uma nova condição. No caso de *muito*, é preciso aumentar a distância entre os termos comparados, ou é preciso torná-la mais marcante. Entretanto, nem todos os modificadores de grau são ampliadores do intervalo entre os graus comparados, como *muito*; ou seja, nem todos exigem que o grau exibido pelo argumento do adjetivo aumente de diferença em relação ao parâmetro. *Pouco*, por exemplo, faz o contrário: requer que a diferença entre os graus comparados diminua significativamente. *Uma atitude pouco inteligente* precisa ser considerada menos inteligente que *uma atitude inteligente*; *um café pouco doce* tem menos açúcar que *um café doce*; e assim por diante. Logo, enquanto *muito* é um amplificador do grau do adjetivo, *pouco*, por sua vez, é um diminuidor ou redutor. *Pouco* exige que o grau exibido pelo argumento do adjetivo seja inferior ao exigido pelo adjetivo em sua forma positiva (quanto está sem modificação alguma).

Cada intensificador acrescenta ao adjetivo modificado exigências semânticas próprias. Por exemplo, *inteiramente* e *completamente* são maximizadores, pois exigem que o grau máximo da propriedade seja atingido. Se *uma toalha está inteiramente molhada*, não tem como ficar ainda mais molhada do que está. Quando alguém está *completamente triste*, não poderia estar mais triste. Se *Ford está completamente interessado em compreender bem a mente dos criminosos*, ele está no auge de seu interesse por esse tema.

Voltando ao tratamento da modificação no domínio verbal, compare a modificação verbal com advérbios de intensidade aos exemplos vistos anteriormente com advérbios de modo, tempo e lugar. Vamos comparar as sentenças *João chegou rápido* e *João correu muito*. Veja que não faz sentido traduzir o significado dos intensificadores como predicados de eventos, como fizemos anteriormente com os advérbios de modo, tempo e lugar. A tentativa de expressão das condições de verdade em (30) não faz sentido. Isso mostra que advérbios como *muito* não são intersectivos.

(30) #Existe um evento de correr, João é o agente deste evento, e este é um evento muito.

Dado que a paráfrase em (30) não é uma forma adequada de se analisar os intensificadores, de que forma podemos averiguar a operação semântica que realizam? Volte aos exemplos em (29) e tente observar o que

PARA CONHECER **Semântica**

a palavra *muito* tem em comum em todas elas. Em todos os casos, esse advérbio parece denotar um grau de uma propriedade que está acima do parâmetro estabelecido. Uma pessoa muito inteligente tem um grau de inteligência acima do esperado ou do estabelecido em um contexto; um evento de correr muito denota um grau em uma das propriedades desse evento (velocidade, distância, tempo etc.); e um evento de correr muito rápido tem um grau alto da propriedade de velocidade. Assim, podemos concluir que, em qualquer domínio, *muito* faz sempre a mesma operação: amplia a diferença entre os termos comparados. Em (29c), aumenta a rapidez da corrida em relação à velocidade média ou a certa velocidade esperada (isto é, ao parâmetro de comparação). Se trocarmos *rápido* por seu oposto, *devagar*, em (29c) (obtendo *João correu muito devagar*), teremos um aumento da vagareza, em vez de um aumento de velocidade, o que equivale a dizer que o grau de velocidade de João precisa estar significativamente abaixo do parâmetro de comparação. *Muito rápido* e *muito devagar* equivalem, respectivamente, a *em velocidade muito alta* e *em velocidade muito baixa*.

Se, por um lado, os intensificadores podem modificar diversas categorias gramaticais (em (29) vimos sintagmas adjetivais, verbais e outros advérbios), a operação semântica que aplicam é uma só, constante, em qualquer que seja o domínio de modificação. O mesmo vale para os outros modificadores mencionados. Por exemplo, *gostar muito de café* requer uma predileção por café mais forte que *gostar de café*. *Concordar parcialmente com o autor* expressa um grau menor de concordância do que *concordar inteiramente com o autor*. *Discordar levemente dele* expressa uma discórdia menor que a expressa por *discordar completamente dele*. *Esperar um pouco* expressa uma espera com duração menor que a de *esperar muito* etc. As operações de amplificação, minimização/redução e maximização continuam sendo promovidas por esses intensificadores, mesmo no domínio verbal. Por conta disso, os advérbios intensificadores também são chamados de modificadores de grau, pois intensificam (aumentando, diminuindo o grau, marcando-o como máximo etc.) o estado ou alguma dimensão da propriedade modificada. A próxima seção apresenta mais uma classe de advérbios que não são modificadores de evento intersectivos.

2.3 Advérbios de ato de fala

Os advérbios de atos de fala caracterizam a atitude do falante quanto ao conteúdo ou a forma daquilo que está sendo dito (Mittwoch, 1977). Eles não são constituintes sentenciais, e, em PB, costumeiramente aparecem à esquerda da sentença, separados dela por uma pausa (correspondente a uma vírgula na escrita):

(31) a. Sinceramente, para mim é muito melhor (estar sem Neymar no time).
  b. Resumidamente, só fica rico quem receber juros!
  c. Pedro sabiamente recusou-se a experimentar a droga.

Na declaração de Alba, dada em novembro de 2017, (31a), *sinceramente* não predica da saída de Neymar da equipe (não faz sentido dizer que foi uma saída sincera), mas qualifica toda a ideia expressa pelo resto da sentença como uma revelação pessoal (e talvez como uma opinião pouco ortodoxa ou um desabafo) do jogador do Barcelona. Em (31b), *resumidamente* não predica do recebimento de juros nem do enriquecimento, mas anuncia que a fórmula do enriquecimento que virá como conteúdo da proposição foi reduzida a um mínimo de palavras. Com o mesmo valor, usamos *grosso modo, em poucas palavras, para encurtar a história* etc. Em (31c), *sabiamente* dá a posição/opinião do falante sobre a recusa de Pedro, em vez de predicar sobre a eventualidade. Uma característica de advérbios de atos de fala é que a sentença continua bem formada após sua supressão, porque eles não são constituintes sentenciais. Veja:

(32) a. Para mim é muito melhor (estar sem Neymar no time).
  b. Só fica rico quem receber juros!
  c. Pedro recusou-se a experimentar a droga.

Compare as sentenças em (32) com as sentenças em (33), suprimindo os advérbios. Em (33a), retirar *devagar* muda o conteúdo da informação, já que *beber devagar* é diferente de simplesmente *beber*. Nos outros casos, a supressão do advérbio muda ainda mais radicalmente a interpretação da sentença, como é o caso da retirada de *mal* da sentença (33b). *Tratar a sogra* pode ter um sentido de ministrar a ela medicamentos ou cuidados médicos, não de ser pouco gentil com ela. Da mesma forma, (33c) não significa a mesma coisa que *Maria se veste*.

PARA CONHECER Semântica

(33) a. Pedro bebe *devagar*.

b. Ele trata *mal* a sogra.

c. Maria se veste *bem*.

Outra característica de advérbios de atos de fala é que eles não ficam bem em sentenças interrogativas.

(34) a. #Para você é sinceramente muito melhor (estar sem Neymar no time)?

b. #Só fica rico quem resumidamente receber juros?

c. #Sabiamente, Pedro recusou-se a experimentar a droga?

Esses advérbios têm um valor afetivo a contribuir e estão ligados à emoção ou à apreciação do falante, sendo assim algo à parte do valor de verdade e da descrição da eventualidade dados pela proposição. Na interrogação, eles deixam de se vincular à expressão da reação do falante ao fato; por isso há estranheza nos exemplos em (34).

2.4 Advérbios quantificadores: frequência e pluracionalidade

Uma outra classe de advérbios que merece uma seção separada, por executarem uma operação semântica particular, é a classe dos advérbios de quantificação. Observe os exemplos a seguir:

(35) João   sempre   bebe café após o almoço.
geralmente
habitualmente
frequentemente
às vezes
de vez em quando
raramente
eventualmente
nunca
jamais

A primeira característica notável em (35) é que a retirada do advérbio torna a afirmação mais forte, ou seja, *João bebe café após o almoço* (sem nenhum advérbio de frequência) tem uma força universal, de hábito, e o consumo de café aparece como repetido a cada final de almoço. A inserção de *sempre* mantém essa força universal. Daí por diante, a substituição do advérbio de cima pelo de baixo vai enfraquecendo a afirmação, expressando a cada troca uma frequência menor de consumo de café posteriormente ao almoço, até que os dois últimos advérbios na sequência indicam frequência zero. Uma característica semântica dos advérbios de frequência é que eles expressam uma força quantificacional manifesta na variação do número de vezes em que a eventualidade se repete (universal, no caso de *sempre*, existencial, no caso de *certa vez*, em *João bebeu café certa vez após o almoço*).

Uma característica sintática dos advérbios de frequência é sua mobilidade: eles podem aparecer em diversos lugares na ordem superficial da sentença:

> Os advérbios de quantificação (ou frequência) foram tratados na Semântica Formal inicialmente por Lewis (1975), Kamp (1975, 1981), Heim (1982) e de Swart (1991, 1999). O seu estudo representou um avanço para os estudos da quantificação de forma geral.
>
> Hoje a Semântica Formal assume que a quantificação executada por meio de advérbios é universal (Bach et al., 1995; Bach, Kratzer e Partee, 1987), enquanto a expressa por expressões quantificacionais nominais (chamadas de quantificadores-D), como *todo* e *algum*, não é encontrada em todas as línguas, contrariando a hipótese de que todas as línguas naturais apresentariam determinantes.
>
> Se você quiser ler sobre uma língua que não apresenta quantificadores de determinante, recomendamos o artigo de Müller, Storto e Coutinho-Silva (2006), sobre uma língua indígena falada no estado de Rondônia, o karitiana.

(36) a. João *sempre* bebe café após o almoço.

    b. João bebe *sempre* café após o almoço.

    c. João bebe café *sempre* após o almoço.

    d. João bebe café após o almoço *sempre*.

Alguns desses advérbios também podem ser modificados por outros (*quase sempre, muito frequentemente, bem raramente*). O tratamento semântico clássico para esse tipo de advérbio propõe que, tal como os determinantes, esses advérbios relacionam dois domínios, criando uma estrutura tripartite, e indicam o que deve haver na sua interseção. Assim, *Um galo sempre canta ao raiar do dia* significa algo bem semelhante a *Todo galo canta ao raiar do dia*, porque, nos dois casos, os mesmos elementos estão relacionados pelo quantificador, que num caso é adverbial e, no outro, é nominal. Ambos indicam a mesma relação entre o conjunto dos galos e o conjunto dos indivíduos que cantam ao raiar do dia. O primeiro conjunto está incluído no segundo. Ou seja: se é galo, então canta ao raiar do dia.

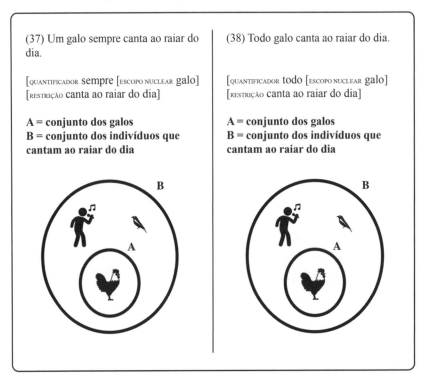

Crédito de imagens: *rooster* by Laymik from the Noun Project; *singer* by Adrien Coquet from the Noun Project.

As duas sentenças das imagens expressam uma ligação entre ser galo e cantar ao raiar do dia que é universal. Em (37), para toda situação em que há um galo e está amanhecendo, nessas ocasiões, o galo que estiver presente vai cantar. Em (38), sempre que se trate de um galo apresentado a essa situação, o tal galo vai cantar. Advérbios como *sempre* foram considerados quantificadores irrestritos, o que quer dizer que eles não fazem qualquer seleção sobre o material que pode entrar em seu escopo nuclear ou em sua restrição.

Na teoria semântica, quantificadores de determinante que quantificam sobre entidades são chamados de quantificadores-D, enquanto outros tipos de quantificadores, como os advérbios que quantificam sobre eventualidades ou situações, são chamados de quantificadores-A. Os exemplos em (37) e (38) mostram que há um paralelo entre eles. O paralelo fica mais evidente se comparamos (35) a (39):

(39) Todo   brasileiro(s) bebe(m) café após o almoço.
       muitos
       a maioria dos
       bastantes
       diversos
       vários
       alguns
       poucos
       nenhum

Enquanto o advérbio escolhido em (35) aumenta ou diminui a frequência com que o café sucede o almoço para João, o determinante escolhido em (39) determina o número de indivíduos que são agentes da eventualidade naquela situação. Veja que estamos caminhando na mesma direção em quantidade, de mais para menos, nos dois casos, ao substituirmos tanto o advérbio, em (35), quanto o determinante, em (39), de cima pelo seguinte, logo abaixo.

Entre os advérbios quantificacionais, há aqueles específicos para marcar uma multiplicação no número de eventualidades ocorridas num intervalo de tempo, criando leituras chamadas de iterativas. Compare os exemplos em (40).

(40) a. Paul Tergat venceu a corrida de São Silvestre em 1995.

     b. Paul Tergat venceu a corrida de São Silvestre *5 vezes*.

     c. Paul Tergat venceu *muito* a corrida de São Silvestre.

PARA CONHECER Semântica

Embora a interpretação de (40a) seja episódica (estamos falando de uma vitória particular, singular, única, ocorrida em uma certa ocasião), o operador *5 vezes* faz com que interpretemos (40b) como uma pluralidade definida (temos 5 como o número máximo de vitórias acumuladas por esse competidor em disputas da São Silvestre). A leitura de (40c) não pode ser de um episódio singular, diferentemente de (40a), mas precisa haver uma pluralidade de vitórias, embora, diferentemente de (40b), não possamos associar uma quantidade definida de vitórias a (40c). Uma das leituras produzidas por *muito* no sintagma verbal é a iteratividade, resultando na repetição indefinida da eventualidade ao longo de um intervalo, como em (40c). Já o advérbio quantificacional *vezes* conta o número de eventualidades dentro de um período, permitindo o uso de um numeral cardinal antes dele. A resposta à pergunta *Quantas vezes você já foi à Bahia?* pode ser *Nenhuma vez, Uma só vez* ou *Dez vezes. Muito* e *vezes* são os advérbios quantificacionais do PB mais próximos daquilo que a literatura em Semântica chama de **pluracionais**, que são mecanismos gramaticais que pluralizam o número de eventos.

2.5 Advérbios modais

Vimos no final do capítulo anterior uma introdução à modalidade, em que mencionamos os advérbios modais *possivelmente, certamente* e *necessariamente*, comentando suas especificidades em força e categoria modal. Há outros advérbios classificados pela literatura como modais: *talvez, provavelmente, obrigatoriamente, supostamente, obviamente, evidentemente, inegavelmente, potencialmente, obrigatoriamente, seguramente, indisputavelmente, preferencialmente* etc.

De acordo com o que vimos no capítulo anterior, os verbos modais fazem sempre a mesma contribuição, a força modal, mas são dependentes do contexto: vão apresentar diferentes leituras interpretativas propiciadas pela situação de enunciação e pelo fundo conversacional, ou seja, a mudança de leitura vai ser dada por diferentes contextos (a base modal). Embora, como já vimos, verbos do PB como *poder* e *dever* possam ser interpretados segundo diversas modalidades (*João deve sair* tanto pode ser uma expressão de probabilidade quanto o anúncio de uma obrigação que ele tem), parece haver menor flexibilidade nas leituras modais para os advérbios. Isto é, enquanto os verbos modais apenas expressam força (*Deve chover hoje* é mais forte que *Pode chover hoje*), os advérbios modais parecem ser mais especializados em modalidades de certa natureza. Observe os exemplos em (41) e compare os conjuntos denotados por eles. Você deve ter concluído que a lista de (41a) é maior do que a de (41b). Nesses casos, a contribuição semântica dos modais está presente na semântica de cada um dos adjetivos que forma os advérbios terminados em -*mente* (*possível* e *certo*).

(41) a. Os planetas possivelmente habitáveis da nossa galáxia...

b. Os planetas certamente habitáveis da nossa galáxia...

Segundo estudos como os de Marques (2012), os advérbios do português apontam para a base modal, dando indicação sobre qual é o tipo e a quantidade de informação em que o enunciador baseia a sua asserção. Alguns tipos de modalidade se destacam: (i) a deôntica (segundo as leis, as normas), que expressa proibição (*repressivamente*, *obedientemente*), permissão (*permissivamente*, *legalmente*) ou obrigação (*obrigatoriamente*, *coercitivamente*); (ii) a epistêmica (segundo o que se sabe ou se acredita ser verdadeiro), que expressa as chances de a proposição (vir a) ser verdade (*talvez*, *provavelmente*, *supostamente*, *obviamente*, *evidentemente*, *inegavelmente*, *seguramente*, *indisputavelmente*); e (iii) a bulética, volitiva ou desiderativa (segundo o desejo do falante), que expressa seu gosto ou desejo pelo acontecimento ou estado de coisas (*preferencialmente*, *apreciavelmente*).

Talvez (chamado de advérbio pela gramática tradicional) é excepcional, pois na variedade do PB mais conservadora dispara o modo subjuntivo: *Talvez chova, Talvez eu vá à sua festa, Talvez você queira tomar uma bebida comigo mais tarde...* Essa gramática está de acordo com a prescrição, mas convive com variedades vernaculares em que a forma do indicativo é natural com *talvez*: *Talvez chove* etc.

Um teste bastante difundido na literatura para identificar advérbios modais (que não funciona com *talvez*, mas é aplicável à maioria dos advérbios em -*mente*) é verificar se o modificador permite a formação de uma paráfrase com o seu conteúdo semântico (nas versões em **a**) transformado em um predicado, o qual toma como seu complemento uma sentença encaixada contendo a proposição (nas versões em **b**), como vemos de (42) a (44):

(42) a. *Inegavelmente*, Paul Tergat venceria a última corrida de São Silvestre, caso a tivesse disputado.

b. *É inegável que* Paul Tergat venceria a última corrida de São Silvestre, caso a tivesse disputado.

(43) a. *Necessariamente*, Gilson trabalha amanhã.

b. *É necessário que* Gilson trabalhe amanhã.

(44) a. *Possivelmente*, Maria se elegerá deputada federal nas próximas eleições.

b. *É possível que* Maria se eleja deputada federal nas próximas eleições.

O estudo particular de cada advérbio modal do PB ainda está por ser feito. Que tal tomar a si essa tarefa? Seria um estudo semântico levando em consideração a força modal e a influência do contexto na interpretação, tendo por ingredientes a base modal e a ordenação dos mundos.

Este capítulo mostrou o estudo semântico dos modificadores adjetivais e adverbiais. Pudemos ver que definições que consideram os adjetivos como adjuntos de nomes e os advérbios como adjuntos de verbos não abarcam todos os fatos empíricos. Os adjetivos nem sempre aparecem como adjuntos de um substantivo (posição atributiva), mas podem figurar como predicado (posição predicativa). Vimos que, embora os advérbios formem uma classe gramatical heterogênea por excelência, entre os adjetivos também há classes distintas, de acordo com o significado e o comportamento gramatical. Entender melhor qual é a operação formal de cada tipo de adjetivo ajuda a compreender as diferenças entre eles. De forma semelhante, os advérbios foram tratados de acordo com o tipo de operação que estabelecem nas sentenças em que figuram. Como vimos, eles fazem operações que vão muito além de expressar uma circunstância de um evento. Eles podem denotar o comprometimento do falante, a frequência com que ocorre o evento, sua probabilidade de ocorrência etc.

A modificação pode ser considerada o fenômeno semântico mais difícil de formular teoricamente, uma vez que associa um rico conteúdo lexical integrado com significados provenientes do contexto e até com conhecimentos de mundo (McNally, 2016). No entanto, vimos que estudar os modificadores, que são comumente considerados os itens acessórios da gramática, pode ajudar a revelar aspectos importantes da gramática das línguas, em especial da do português.

Leituras complementares

Para saber mais sobre os a **modificação** de forma geral e seu papel na gramática das línguas, indicamos a leitura do capítulo "Modification", de Louise McNally, publicado em 2016 no livro *Cambridge Handbook of Formal Semantics*, pela editora Cambridge.

Para recuperar os argumentos que motivaram a proposta da **Semântica de Eventos**, indicamos a leitura do capítulo "Modification", do livro de Terence Parsons, *Events in Semantics of English*, publicado em 1990 pelo Massachussets Institute of Technology. Nele, Parsons utiliza os testes de intersectividade para mostrar a relação entre advérbios e eventos.

Exercícios

1. Verifique, na lista de adjetivos no quadro, quais aparecem em posição predicativa e quais não, quais podem vir (apenas ou também) antes do núcleo nominal em posição atributiva e quais podem vir apenas depois.

   arterial, adiposo, agradável, alegre, arqueológico, agrícola, barato, clínico, calmo, caro, cultural, colegial, conjugal, cru, cutâneo, diário, difícil, duro, docente, escuro, existente, empírico, estrangeiro, esquerdo, federal, folclórico, financeiro, famoso, gostoso, geográfico, hospitalar, importante, indígena, industrial, independente, jurídico, justo, largo, lucrativo, luminoso, lateral, linguístico, mineral, morto, multinacional, muscular, numeroso, obrigatório, odontológico, puro, presidencial, poderoso, peitoral, pontual, quente, rural, respiratório, rápido, sério, salarial, sujo, silvestre, trabalhista, triste, torácico, tímido, útil, verbal, vegetal, vertical, vivo.

2. Aplique aos adjetivos listados em (1) o teste para separar adjetivos de grau de adjetivos sem grau. Há alguma relação entre os resultados de (1) e os de (2)?

3. Explique a diferença de sentido criada pela posição do adjetivo: *o alto funcionário* x *o funcionário alto*, *as grandes línguas* x *as línguas grandes*, *uma nova esposa* x *uma esposa nova*, *uma simples ideia* x *uma ideia simples*, *um pobre milionário* x *um milionário pobre*, *um bom aluno* x *um aluno bom*.

PARA CONHECER **Semântica**

4. Analise os advérbios (em destaque) deste excerto da obra de Júlio Verne, *A volta ao mundo em 80 dias*:

O Mongólia fazia *regularmente* as viagens de Brindisi a Bombaim pelo canal de Suez. Era um dos barcos mais velozes da Companhia. Dois homens passeavam sobre o cais. Um deles, agente consular do Reino Unido, estabelecido em Suez, via *diariamente* navios ingleses atravessarem o canal. O outro chamava-se Fix, e era um desses "detetives" ou agentes da polícia inglesa, que tinham sido enviados para os diversos portos, depois do roubo cometido ao banco da Inglaterra. *Precisamente* há dois dias, Fix havia recebido do comissário da polícia metropolitana a descrição do autor presumido do roubo. O detetive, *evidentemente* muito estimulado pela polpuda gratificação prometida em caso de sucesso, esperava por isso com uma impaciência fácil de se compreender a chegada do Mongólia.

– Este paquete vem *diretamente* de Brindisi? – perguntou Fix.

– De Brindisi mesmo, onde pegou o malote das Índias, de Brindisi que deixou sábado às cinco da tarde. Por isso tenha paciência, ele não tarda a chegar. Mas não sei *realmente* como, com a descrição que recebeu, poderá reconhecer seu homem, se é que ele está a bordo do Mongolia.

– Senhor Fix – respondeu o cônsul –, eu lhe desejo *sinceramente* sucesso, mas este ladrão se parece *totalmente* com um homem honesto. Neste interim, o cais se animara pouco a pouco. A chegada do paquete estava *evidentemente* próxima.

Fix examinava *escrupulosament*e todos os que punham os pés na terra.

5. Observe os trechos abaixo e verifique o uso dos advérbios modais. Que tipo de modalidade expressam?

"Gostar é provavelmente a melhor maneira de ter, ter deve ser a pior maneira de gostar."

José Saramago

"Verifiquei na pele que o começo da velhice não deve ser obrigatoriamente o abandono da criatividade."

Maria Clara Machado

"Filhos crescem, casam e nos dão netos. Não necessariamente nessa ordem."

Eugenio Mohalien

"Definição e objetivos
A fonte de onde foi extraída a informação deve ser citada obrigatoriamente, respeitando-se os direitos autorais, conforme ABNT NBR 10520."

"O que obviamente não presta sempre me interessou muito."

Clarice Lispector

"Como descobrir adulterações em textos supostamente escritos por E. G. White

Caros amigos e irmãos em Cristo,

Ao estudar sobre o tema 'Divindade', muitos irmãos sinceros, após estudar a Bíblia com muita oração e confirmarem em diversos livros dos testemunhos que somente Deus o Pai e Jesus Cristo participaram da criação e são dignos de adoração, deparam-se com alguns textos dos livros 'Evangelismo', 'O Desejado de Todas as Nações', 'Testemunhos para Ministros' e edições mais recentes de 'Conselhos Sobre Saúde', e perguntam-se: Seria verdade que Ellen G. White escreveu em favor da Trindade?

Para estas almas pesquisadoras sinceras, preparamos um material resumido mostrando como os textos de Ellen G. White foram adulterados e re-editados após a sua morte por pastores que trabalharam para colocar a 'trindade' entre as doutrinas da Igreja Adventista do Sétimo Dia."

(Disponível em: <http://www.adventistas.com/abril2004/comodescobrir_egw.htm>. Acesso em: 23 abr. 2018)

CONSIDERAÇÕES FINAIS

Este livro foi organizado de modo a cobrir, examinando dados do PB, as três maiores fatias de uma língua natural em termos de investigação semântica: (i) o sintagma nominal, geralmente associado a argumentos; (ii) o sintagma verbal, geralmente associado ao predicado sentencial; e (iii) a modificação (adverbial e nominal). Nesse percurso, esboçamos uma semântica específica do PB, abordando como se dá na nossa língua a distinção massivo-contável, de que tipos de SN e SD ela dispõe, qual a natureza de seus predicados nominais e verbais (com seu número diversificado de argumentos), como ela marca suas sentenças como genéricas e específicas, como marca tempo nas sentenças, como expressa modalidade, como expressa quantidade nominal e como marca (in)definitude, e, ainda, como marca o aspecto gramatical e o de ponto de vista. Pela natureza da obra, não pudemos nos concentrar em nenhum desses temas, para não nos aprofundarmos demais, mas apresentamos um panorama bem abrangente, que permite ter uma ideia do perfil semântico da nossa língua.

A partir desse material, que, apesar de simples, foi baseado nas últimas publicações científicas e acadêmicas da área, o leitor terá condições de identificar questões de seu interesse para vir a investigar mais

PARA CONHECER Semântica

a fundo. Esperamos ter contaminado o leitor com o amor pela pesquisa semântica, uma área ainda incipiente no Brasil, que precisa muito de novas adesões para alcançar uma produção numericamente expressiva, mais próxima em quantidade das de outras áreas da investigação linguística. O PB também ainda não atingiu o estatuto de língua satisfatoriamente descrita, e a necessidade de mais pesquisa é ainda maior na área da Semântica. Se você gostou do livro, considere vir a ser um linguista que estuda Semântica.

A obra mostrou casos específicos de reformulações teóricas que foram propostas quando os teóricos enfrentaram os dados empíricos. Os temas mencionados anteriormente como tratados neste livro foram precedidos por uma introdução à análise linguística no campo semântico, passando por um apanhado de fenômenos típicos da sentença. No primeiro capítulo, introduzimos também o tema mais caro à Semântica Formal: a composicionalidade. Além de fundamental para essa linha, ele é também o pressuposto que a distingue de outras abordagens semânticas. *Grosso modo*, o princípio da composicionalidade diz que o significado de uma expressão complexa (sentença ou sintagma) é uma função do significado de seus componentes, e da forma como eles se combinam. Esse princípio foi confrontado diversas vezes, na história da Semântica Formal, por dados que pareciam desmenti-lo. Um exemplo famoso é o caso dos quantificadores nominais, como *todo*, em *Todo aluno gosta de uma disciplina*, que foi discutido no segundo capítulo; outro exemplo famoso é o caso dos adjetivos de grau, como *grande*, em *Grego e latim são as grandes línguas europeias*, discutido, por sua vez, no quarto capítulo. Esses dois desafios foram superados com o aprimoramento da teoria, no primeiro caso, pela proposta de que os quantificadores generalizados tomam o predicado verbal como argumento, e, no segundo, pela incorporação de uma informação contextual à computação semântica de um conjunto de adjetivos.

Cada vez mais línguas naturais, como o português e tantas outras, estão sendo mais bem descritas e analisadas, felizmente. Com esse conhecimento crescente, estão sendo produzidos mais e mais dados empíricos, que potencialmente colocam em xeque as teorias linguísticas,

194

tais como estão formuladas hoje. A resiliência de princípios formais a essa massa cada vez maior de dados depõe a favor de sua validade. Novos impasses sempre podem surgir. Mas, como já diziam Bach e Chao (2008), a estratégia de pesquisa *"shoot for the universal"*, ou seja, "mire naquilo que é universal", é de longe a mais interessante para nós, porque, formulando a hipótese teórica mais forte que conseguirmos, levamos a teoria até seus limites de explanação teórica, só recuando em face de evidência contrária. Daí a importância de confrontar dados da língua portuguesa com as previsões teóricas. Esse é o caminho possível para um tratamento da língua como fenômeno empírico: fazendo previsões que podem ser refutadas. Daí o caráter científico de uma empreitada como esta.

BIBLIOGRAFIA

ABEILLÉ, A. et al. Adverbs and Quantifications. In: CORBLIN. F.; DE SWART, H. E. (Eds.). *Handbook of French Semantics*. Stanford: CSLI Publications. 2004.

AMARAL, L.; CANÇADO, M. "Alternância de transitividade com verbos agentivos em PB: a louça já lavou, a casa já vendeu, o caminhão já carregou". *Revista de Estudos da Linguagem*. Belo Horizonte, v. 25, n. 4, 2017, pp. 1.871-904.

ARISTÓTELES. *Organon*. Analíticos anteriores. Coleção filosofia e ensaio. Trad. Pinharanda Gomes. Lisboa: Guimarães Editores, 1986.

BACH, E.; CHAO, W. Semantic Universals and Typology. On Emantic Universals and Typology. In: CHRISTIANSEN, M.; COLLINS, C.; EDELMAN, S. (Eds.). *Language Universals*. Oxford: Oxford University Press, 2009, pp. 152-73. (Também disponível em: <https://works.bepress.com/emmon_bach/3/>, acesso em: 11 abr. 2018.)

BACH, E. et al. (Eds.). Quantification in Natural Languages. vol I, II. *Studies in Linguistics and Philosophy Studies in Linguistics and Philosophy*. New York City: Springer, 1995.

BACH, E.; KRATZER; A.; PARTEE, B. "Cross-Linguistic Quantification". Research Project. University of Massachusetts at Amherst-National Science Foundation Grant BNS 871999, 1987.

BARROS, João de. *Gramática da língua portuguesa*: cartinha, gramática, diálogo em louvor da nossa linguagem e diálogo da viciosa vergonha. Lisboa: Faculdade de Letras da Universidade de Lisboa, 1971.

BARROS, Manoel. *Ensaios fotográficos*. Rio de Janeiro: Record, 2000.

BARWISE, Jon; COOPER, Robin. Generalized Quantifiers and Natural Language. *Philosophy, Language, and Artificial Intelligence*. Springer: Dordrecht, 1981, pp. 241-301.

BASSO, Renato Miguel. "Telicidade e detelicização: semântica e pragmática do domínio tempo-aspectual". *Revista Letras*. Curitiba, n. 72, maio/ago 2007, pp. 215-32.

_____; BERGAMINI-PEREZ, J. F. "O adjunto 'durante X tempo' no domínio tempo-aspectual". *Letras de Hoje*, v. 51, 2016, pp. 367-74.

_____; FERRAREZI JUNIOR, Celso. *Semântica, semânticas*: uma introdução. São Paulo: Contexto, 2013.

_____; ILARI, R. "Estativos e suas características". *Revista Brasileira de Linguística Aplicada*, v. 4, 2004, pp. 15-26.

_____; PIRES DE OLIVEIRA, R. "'Em X tempo' e 'por X tempo' no domínio tempo-aspectual". *Revista Letras*. Curitiba, v. 81, 2010, pp. 77-98.

PARA CONHECER Semântica

BERGAMINI-PEREZ, J. F.; BASSO, R. M. "Adjuntos temporais e measure phrases: uma proposta semântica". *Cadernos de Estudos Linguísticos*. Campinas, v. 58, 2, set. 2016, pp. 345-67.

BERTUCCI, Roberlei Alves. "Questões semânticas sobre tempo e aspecto em português brasileiro". *Cadernos do il*, v. 52, 2016, pp. 65-89.

_____. *Uma análise semântica para verbos aspectuais em português brasileiro*. São Paulo: FFLCH-USP, 2015.

BERTUCCI, R.; FOLTRAN, M. J. G. D. "Operadores de escala: uma comparação entre chegar e até". *Estudos Linguísticos*. São Paulo, v. 37, 2008, pp. 158-67.

BEYSSADE, Claire; PIRES DE OLIVEIRA, R. "Introduction: Weak and Strong Definites". *Recherches Linguistiques de Vincennes*, v. 42, 2014, pp. 1-15.

BIERWISCH, Manfred. The Semantics of Gradation. In: BIERWISCH, Manfred; LANG, Ewald (Eds.). *Dimensional Adjectives*. Berlin: Springer, 1989, pp. 71-262.

BOFF, Alvana Maria. *A posição dos adjetivos no interior do sintagma nominal*: perspectivas sincrônica e diacrônica. Campinas, 1991. Tese (Doutorado em Linguística) – Universidade Estadual de Campinas.

BOLINGER, Dwight. *Degree Words*. The Hague: Mouton, 1972.

BORGES NETO, J. "O adjetivo e a construção do sintagma nominal: alguns problemas". *Revista Letras*. Curitiba, v. 34, 1985, pp. 28-38.

_____. *Adjetivos*: predicados extensionais e predicados intensionais. Campinas: Editora da Unicamp, 1991.

_____. "Adjetivos sincategoremáticos: um problema para a semântica". *Cadernos de Estudos Linguísticos*. Campinas, v. 22, 1992, pp. 109-26.

_____. "Algumas observações sobre os nomes próprios". *Boletim da Abralin*. Curitiba, v. 14, pp. 283-91, 1993.

_____. "Semântica formal". *Revista Letras*. Curitiba, v. 52, 2001, pp. 167-82.

BORGES NETO, J.; MULLER, Ana; OLIVEIRA, R. P. "A semântica formal das línguas naturais: histórias e desafios". *Revista de Estudos da Linguagem*. São Paulo, FFLCH-USP, v. 20, 2012, pp. 1-25.

BRAGA, M. L. et al. Artigo definido. In: ILARI, Rodolfo (Org.). *Palavras de classe fechada*. São Paulo: Contexto, v. iv, 2015, pp. 105-28.

CAIADO, Marcos. "Poema". Disponível em: <http://marcoscaiado.blogspot.com.br/2010/06/voce-disse-some-e-eu-somei-eu-disse.html>. Acesso em: 11 abr. 2018.

CÂMARA JÚNIOR, Joaquim Mattoso. *Estrutura da língua portuguesa*. Rio de Janeiro: Vozes, 1975.

CANÇADO, Márcia. "Argumentos: complementos e adjuntos". *Alfa*, São José do Rio Preto, v. 53, 2009, pp. 35-59.

_____. *Manual de semântica*: noções básicas e exercícios. 4 ed. São Paulo: Contexto, 2015, v. 1.

_____. "Posições argumentais e propriedades semânticas". *D.E.L.T.A.* São Paulo, v. 21, n. 1, 2005, pp. 23-56.

_____; AMARAL, L. *Introdução à semântica lexical*: papéis temáticos, aspecto lexical e decomposição de predicados. Petropólis: Vozes, 2016.

_____; GODOY, Luisa; AMARAL, L. *Catálogo de verbos do português brasileiro*: classificação verbal segundo a decomposição de predicados. v i: verbos de mudança. 2. ed. revisada. Belo Horizonte: Editora da UFMG, 2017.

CARLSON, Greg N. "A Unified Analysis of the English Bare Plural". *Linguistics and Philosophy*, v. 1, n. 3, 1977, pp. 413-57.

CARLSON, G.; PELLETIER, J. (Eds.). *The Generic Book*. Chicago: University of Chicago Press, 1995.

CARREIRA, M. B.; FOLTRAN, M. J. G. D.; KNOPFLE, "A. Small Clauses: Origins and State of the Art". *Revista LinguíStica*, [s. l.], v. 13, set. 2017, pp. 372-90.

CHIERCHIA, Gennaro. "Reference to Kinds Across Languages". *Natural Language Semantics* 6, 1998, pp. 339-405.

_____. *Semântica*. Campinas: Editora da Unicamp, 2003.

CHOMSKY, Noam. *Syntactic Structure*. The Hague/Paris: Mouton Publishers, 1957.

CINQUE, Guglielmo. *Adverbs and Functional Heads*: A Cross-Linguistic Perspective. New York: Oxford University Press, 1999.

_____. *The Syntax of Adjectives*: A Comparative Study. Cambridge: MIT Press, 2010.

_____. "A Generalization Concerning DP-Internal Ellipsis". *Iberia*, v. 4, 2012, pp. 174-93.

_____. "The Semantic Classification of Adjectives: A View from Syntax". *Studies in Chinese Linguistics*, v. 35, n. 1, 2014, pp. 1-30.

COMRIE, Bernard. *Aspect*: An Introduction to the Study of Verbal Aspect and Related Problems. Cambridge: Cambridge University Press, 1976.

_____. *Tense*. Cambridge: Cambridge University Press, 1985.

COUTINHO-SILVA, Thiago; QUADROS GOMES, Ana. A quantificação universal em karitiana e em PB. In: *Anais do III Simelp* – Terceiro Simpósio Mundial de Estudos em Língua Portuguesa – A formação de novas gerações de falantes de português no mundo. Simpósio 17: O português do Brasil: estudos formais com ênfase em línguas em contato e na diversidade linguística, 2012, Macau (CHN). III Simelp. Macau (CHN): Universidade de Macau, 2012. pp. 1-10.

CRESSWELL, M. *Logics and Languages*. London: Methuen, 1973.

DE CAMPOS, Haroldo. Cheiro de urina. In: _____. *Isto não é um livro de viagem*. São Paulo: Editora 34, 2004.

DE SWART, Henriette. *Adverbs of Quantification*: A Generalized Quantifier Approach. Groningen: Rijksuniversiteit Groningen, 1991.

_____. *Introduction to Natural Language Semantics*. Stanford: CSLI Publications, 1998.

_____. Position and Meaning: Time Adverbials in Context. In: BOSCH, P.; VAN DER SANDT, R. (Eds.). *Focus*: Linguistic, Cognitive and Computational Perspectives. Cambridge: Cambridge University Press, 1999, pp. 336-61.

DO RIO, João. Como se ouve a missa do "galo". In: _____. *A alma encantadora das ruas*. Rio de Janeiro: H. Garnier, 1908.

DOBROVIE-SORIN, Carmen; FERREIRA, Marcelo. "Reciprocal Predication and Bare Singulars in Brazilian Portuguese". *Glow Newsletter*, v. 76, 2016, pp. 72-3.

DOWTY, David. "Thematic Proto-Roles and Argument Selection". *Language*, pp. 547-619, 1991.

FERREIRA, Marcelo Barra. "Bare Habituals and Plural Definite Definite Descriptios". *Proceedings of Sinn und Bedeutung* 9, Nijmegen, pp. 100-15, 2004a.

_____. Imperfectives and Plurality. *Proceedings of Salt* 14. Ithaca: CLC Publications, pp. 1-18, 2004b.

_____. "DPs cardinais e cumulatividade". *Revista Argentina de Linguística*, v. 17, 2009, pp. 169-78.

_____. "Leituras cumulativas: acarretamentos e implicaturas". *Revista da Abralin*, v. 9, 2010, pp. 77-94.

_____. "Situações plurais e pressuposição de homogeneidade em sentenças-donkey". *Revista da Abralin*, v. 11, 2012, pp. 145-70.

_____. "The Semantic Ingredients of Imperfectivity in Progressives, Habituals, and Counterfactuals". *Natural Language Semantics*, v. 24, 2016, pp. 353-97.

FERREIRA, Marcelo Barra; CORREIA, Clara Nunes. The Semantics of DPs. In: WETZELS, W. L.; COSTA, J.; MENUZZI, S. (Orgs.). *The Handbook of Portuguese Linguistics*. Hoboken: John Wiley & Sons, Inc, 2016, pp. 356-73.

FOLTRAN, M. J. G. D. "Predicados secundários: restrições semânticas". *Revista Letras*, v. 58, 2002, pp. 265-78.

_____. "A alternância entre adjetivos e advérbios como modificadores de indivíduos e de eventos". *Revista Letras*, v. 81, 2011, pp. 157-76.

FOLTRAN, Maria José; CARREIRA, M. B.; KNOPFLE, A. "A gramática como descoberta". *Diadorim*. Rio de Janeiro, v. 2, 2017, pp. 27-47.

FOLTRAN, M. J. G. D.; CRISÓSTIMO, G. "Os adjetivos participiais no português". *Revista de Estudos da Linguagem*. Belo Horizonte, v. 13, n. 1, 2005, pp. 129-54.

FOLTRAN, Maria José; NOBREGA, V. A. "Adjetivos intensificadores no português brasileiro: propriedades, distribuição e reflexos morfológicos". *Alfa*. São José do Rio Preto, 60 (2), 2016, pp. 319-40.

FOLTRAN, M. J. G. D.; WACHOWICZ, T. "Sobre a noção de aspecto". *Cadernos de Estudos Linguísticos*. Campinas, v. 48, 2007, pp. 211-32.

FRANCHI, Carlos. *Mas o que é mesmo gramática?* São Paulo: Parábola, 1991.

_____. "Criatividade e gramática". *Trabalhos em Linguística Aplicada*. [s. l.], v. 9, dez. 2012.

FRANCHI, Carlos; NEGRÃO, Esmeralda Vailati; VIOTTI, Evani. "Sobre a gramática das orações impessoais com ter/haver". *D.E.L.T.A.* São Paulo, v. 14, 1998.

FREGE, G. "Uber Begriff und Gegenstand". *Vierteljahresschrift fur Wissenschaftliche Philosophie 16.* 1892, pp. 192-205. (FREGE, G. Sobre o conceito e o objeto. In: _____. *Lógica e filosofia da linguagem.* Trad. Paulo Alcoforado. São Paulo: Cultrix, 1978.)

HEIM, Irene. *The Semantics of Definite and Indefinite Noun Phrases.* Boston, 1982. Tese (Ph.D) – University of Massachusetts.

_____; KRATZER, Angelika. *Semantics in Generative Grammar.* Oxford: Blackwell Publishers, 1998.

ILARI, Rodolfo. *Linguística e ensino da língua portuguesa.* São Paulo: Martins Fontes, 1989.

_____. "Alguns problemas semânticos na análise dos adjetivos". *Cadernos de Estudos Linguísticos.* Campinas, v. 24, 1993, pp. 40-7.

_____. *A expressão do tempo em português*: esboço de uma gramática. São Paulo: Contexto, 1997a.

_____. "A noção semântica de ambiguidade". *Veredas*, Juiz de Fora, v. 1, n. 1, 1997b, pp. 51-71.

_____. "Semântica e pragmática: duas formas de descrever e explicar os fenômenos da significação". *Revista de Estudos da Linguagem.* Belo Horizonte, v. 9, n. 1, 2000, pp. 109-61.

_____. "Anáfora e correferência: por que as duas noções não se identificam?" *Cadernos de Estudos Linguísticos.* Campinas, v. 49, 2001a, pp. 91-109.

_____. *Introdução à semântica*: brincando com a gramática. São Paulo: Contexto, 2001b.

_____. *Brincando com as palavras*: uma introdução ao estudo do léxico. São Paulo: Contexto, 2002.

ILARI, R.; BASSO, Renato Miguel. *O português da gente*: a língua que estudamos, a língua que falamos. São Paulo: Contexto, 2006.

_____. "Semântica e representações do sentido". *Ilha do Desterro*, UFSC, v. 47, 2004, pp. 167-216.

ILARI, R.; GERALDI, J. W. *Semântica.* São Paulo: Ática, 1991.

KAMP, J. A. W. *Two Theories of Adjectives*: Formal Semantics of Natural Language. Ed. by Edward Keenan. Cambridge: Cambridge University Press, 1975.

KAMP, Hans. A Theory of Truth and Semantic Representation. In: PORTNER, P.; PARTEE, B. H. (Eds.). *Formal Semantics*: The Essential Readings. Oxford: Blackwell, 1981, pp. 189-222.

KENEDY, Eduardo. *Curso básico de linguística gerativa.* Contexto, 2013.

_____; OTHERO, Gabriel de Ávila (Orgs.). *Sintaxe, sintaxes*: uma introdução. São Paulo: Contexto, 2015.

KENNEDY, Chris. Adjectives. In: RUSSELL, G.; FARA, D. Graff (Eds.). *Routledge Companion to Philosophy of Language.* New York: Routledge, 2012.

_____. *Projecting the Adjective*: The Syntax and Semantics of Gradability and Comparison. Santa Cruz, 1997. Tese (Ph.D) – University of California. Disponível em: <http://semantics.uchicago.edu/kennedy/docs/ck-thesis.pdf>. Acesso em: 11 abr. 2018.

_____; LEVIN, Beth. Scalar Structure Underlies Telicity in "Degree Achievements". In: MCNALLY, Louise; KENNEDY, Chris (Eds.). *Adjectives and Adverbs*: Syntax, Semantics and Discourse. Oxford: Oxford University Press, 2008.

_____; MCNALLY, Louise. "Scale Structure and the Semantic Typology of Gradable Predicates". *Language.* 81(2), 2005.

KLEIN, Ewan. "A Semantics for Positive and Comparative Adjectives". *Linguistics and Philosophy* 4, 1980, pp. 1-45.

KLEIN, Wolfgang. *Time in Language.* New York: Psychology Press, 1994.

KRATZER, Angelika. Modality. In: VON STECHOW, A.; WUNDERLICH, D. (Eds.). *Semantics*: An International Handbook of Contemporary Research. Berlin: De Gruyter, 1991, pp. 639-50.

_____. *The Event Argument and the Semantics of Verbs.* University of Massachusetts, Amherst, 2003. Disponível em: <http://semanticsarchive.net/Archive/GU1NWM4Z/The%20Event%20Argument%20and%20the%20Semantics%20of%20Verbs.%20Chapter%201.pdf>. Acesso em: 11 abr. 2018.

_____. *Modals and Conditionals*: New and Revised Perspectives. Oxford: Oxford University Press, 2012.

_____. Words, Worlds, and Contexts. In: Eikmeyer, H.; Rieser, H. (Eds.). *The Notional Category of Modality*. Berlin, Boston: De Gruyter, 1981, pp. 38-74.

Lewis, D. K. "General Semantics". *Synthese*. 22, 1970, pp.18-67.

Lewis, David; Keenan, E. Adverbs of Quantification. In: Portner, P.; Partee, B. H. (eds.). *Formal Semantics*: The Essential Readings. Oxford: Blackwell, 1975, pp. 178-88.

Lima, Suzi. O. "Maximality and Distributivity in Brazilian Portuguese". *Linguística*. Rio de Janeiro, v. 9, 2013, pp. 133-57.

_____. "Trabalhando a partir de hipóteses falsificáveis ou sobre os mitos acerca dos c-linguistas: uma resenha crítica de 'How to Investigate Linguistic Diversity: Lessons from the Pacific Northwest' (Henry Davis, Carrie Gillon e Lisa Matthewson)". *Linguística*. Rio de Janeiro, v. 10, 2014, pp. 21-34.

Lima, S. O.; Quadros Gomes, Ana. "The Interpretation of Bare Singulars in bp: Grammatical and Cognitive Biases". *Revista Letras*. Curitiba, v. 93, 2016, pp. 193-209.

Link, G. The Logical Analysis of Plurals and Mass Terms: a Lattice Theoretical Approach. Bauerle, Un R.; Schwarze, C.; Von Stechow, A. (Eds.). *Meaning, Use and Interpretation of Language*. Berlin: De Gruyter, 1983.

Lispector, Clarice. Viagem a Petrópolis. In: _____. *A legião estrangeira*. São Paulo: Siciliano, 1992.

Lobato, Lúcia M. P. "A questão dos deslocamentos de sn à luz do problema de aquisição de língua". *Boletim da Abralin*. São Paulo, v. 10, 1990, pp. 35-51.

_____. "Adjetivos: tipologia e interpretação semântica". *Boletim da Abralin*. Caldas Novas, v. 14, 1992, pp. 9-25.

_____. "A estrutura sintática dos adjetivos em construções com predicado verbo-nominal". vii Encontro Nacional da Anpoll. *Anais...* Caldas Novas, 1993, pp. 916-27.

Marques, M. N.; Basso, R. M. "Predicados de gosto pessoal em português brasileiro: individual ou stage level predicates?" *Revista Letras*. Curitiba, v. 1, 2017, pp. 133-52.

Marques, Rui. Sobre modalizadores de frase epistémicos e evidenciais. In: Costa, Armanda, Flores, Cristina; Alexandre, Nélia (Orgs.). xxvii Encontro Nacional da Associação Portuguesa de Linguística, Lisboa, 2011. *Textos Seleccionados...* Lisboa: apl, 2012, pp. 398-415.

_____; Pires de Oliveira, Roberta. Mood and Modality. In: Wetzels, W. Leo; Menuzzi, Sergio; Costa, João (Eds.). *The Handbook of Portuguese Linguistics*. West Sussex: Wiley-Blackwell, 2016, pp. 408-24.

McNally, Louise. Modification. In: Aloni, M.; Dekker, P. (Eds.). *Cambridge Handbook of Formal Semantics*. Cambridge: Cambridge University Press, 2016, pp. 442-66. Disponível em: <http://semanticsarchive.net/Archive/TcyZTIwY/McNally-Modification.pdf>. Acesso em: 11 abr. 2018.

Medeiros, Alessandro Boechat de; Silva, Maria Cristina Figueiredo. *Para conhecer morfologia*. São Paulo: Contexto. 2016.

Meirelles, L. L.; Cançado, M. "A Propriedade semântica movimento na representação lexical dos verbos do português brasileiro". *Alfa*. São José do Rio Preto, v. 61, 2017, pp. 511-38.

Menuzzi, Sérgio de Moura. "Algumas observações sobre foco, contraste e exaustividade". *Revista Letras*. Curitiba, v. 86, 2012, pp. 95-121.

_____. *Sobre a modificação adjetival em português*. Campinas, 1992. Dissertação (Mestrado em Linguística) – Unicamp.

_____; Ribeiro, P. N. "A representação léxico-semântica de alguns tipos de verbos monoargumentais". *Cadernos do il*. Porto Alegre, v. 41, 2011, pp. 23-45.

Mioto, Carlos; Silva, Maria Cristina Figueiredo; Lopes, Ruth Elisabeth Vasconcellos. *Novo manual de sintaxe*. São Paulo: Contexto, 2013.

Miranda, Ana. "Um amor, uma cabana". *Projeto Releituras*. [s.d.]. Disponível em: <http://www.releituras.com/anamiranda_menu.asp?CFID=5962741&CFTOKEN=910c5637dc8704b-B1888303-1517-53C4-3511D0E92B221C92>. Acesso em: 11 abr. 2018.

Mittwoch, Anita. "How to Refer to One's Own Words: Speech-Act Modifying Adverbials and the Performative Analysis". *Journal of Linguistics*, v. 13, n. 2, 1977, pp. 177-89.

Montague, R. English as a Formal Language. In: Thomason, R. (Ed.). *Formal Philosophy*: Selected Papers. New Haven: Yale University Press, 1974, pp. 188-221.

PARA CONHECER Semântica

MORTARI, C.; PIRES DE OLIVEIRA, R. "Operadores modais: sistemas formais e línguas naturais". *Revista Virtual de Estudos da Linguagem*, v. 12, 2014, pp. 159-85.

MÜLLER, Ana. A semântica do sintagma nominal. In: MÜLLER, Ana; NEGRÃO, Esmeralda; FOLTRAN, Maria José (Orgs.). *Semântica formal*. São Paulo: Contexto, 2003, pp. 61-73.

_____. "Tipos de genericidade como tipos de modalidade". *Revista Letras*. Curitiba, v. 60, 2004, pp. 341-62.

_____; NEGRÃO, E. V.; GOMES, A. P. Q. "'Todo' em contextos coletivos e distributivos". *D.E.L.T.A.* São Paulo, v. 23, 2007, pp. 71-95.

MÜLLER, Ana Lúcia; NEGRÃO, Esmeralda Vailati; FOLTRAN, Maria José. *Semântica formal*. São Paulo: Contexto, 2003.

_____; _____; NUNES-PEMBERTON, Gelza. Adjetivos no português do Brasil: predicados, argumentos ou quantificadores? In: CASTILHO, A. T. (Org.). *Gramática do português falado*: novos estudos descritivos. Campinas: Editora Unicamp, 2002, v. 3, pp. 317-44.

MÜLLER, Ana; STORTO, L.; COUTINHO-SILVA, T. "Número e a distinção contável-massivo em karitiana". *Revista da Abralin*. v. 5, 2006, pp. 185-213.

NEGRÃO, E. V. et al. O adjetivo. In: ILARI, Rodolfo; MOURA NEVES, Maria Helena de. (Orgs.). *Gramática do português culto falado*: classes de palavras e processos de construção. Campinas: Editora da Unicamp, 2008, v. 2, pp. 371-96.

PALMER, F. R. *Mood and Modality*. New York: Cambridge University Press, 2001.

PARAGUASSU-MARTINS, N.; MÜLLER, Ana. "A distinção contável-massivo e a expressão de número no sistema nominal". *D.E.L.T.A.* v. 23, 2007, pp. 65-83.

PARSONS, Terence. *Events in the Semantics of English*: A Study in Subatomic Semantics. Cambridge: MIT Press. 1990.

PARTEE, Barbara. Reflections of a Formal Semanticist. In: *Compositionality in Formal Semantics*: Selected Papers by Barbara H. Partee. [s. l]. Malden: John Wiley & Sons, 2004.

_____. Compositionality and Coercion in Semantics: The Dynamics of Adjective Meaning. In: BOUMA, Gerlof et al. (Eds.) *Cognitive Foundations of Interpretation*. Amsterdam: Royal Netherlands Academy of Arts and Sciences, 2007, pp. 145-61.

_____. The Starring Role of Quantifiers in the History of Formal Semantics. In: PUNČOCHÁR, Vit; SVARNY, Petr (Eds.). *The Logica Yearbook 2012*. London: College Publications. Disponível em: <https://udrive.oit.umass.edu/partee/Partee_InPress_QsInHistOfFormalSem.pdf>. Acesso em: 12 abr. 2018.

PERES, João. A semântica do sintagma nominal. In: RAPOSO, Eduardo Paiva et al. (Coords.). *Gramática do português*. Lisboa: Fundação Calouste Gulbenkian, 2013.

PESSOTTO, Ana Lúcia. "'Pode' e 'podia': uma proposta semântico-pragmática". *Revista da Abralin*, v. 10, 2011, pp. 11-41.

_____. "Epistemic and Gradable Modality in Brazilian Portuguese: a Comparative Analysis of 'poder', 'dever' and 'ter que'". *Revista Virtual de Estudos da Linguagem*, v. 12, 2014, pp. 49-75.

PESSOTTO, A. L.; PIRES DE OLIVEIRA, R. O que há de diferente entre "pode" e "podia"? In: 8º Encontro do Celsul. *Anais...* Pelotas: Editora da Universidade Católica de Pelotas, 2008, pp. 2.007-8.

PIRES DE OLIVEIRA, Roberta. *Semântica formal*: uma breve introdução. Campinas: Mercado de Letras, 2001.

_____. "O menino tá todo triste: uma reflexão sobre a quantificação universal no PB". *Revista Letras*. Curitiba, v. 61, 2003a, pp. 191-210.

_____. "Some Remarks on 'Todo N' in Brazilian Portuguese". *Revista Letras*. Curitiba, v. 60, 2003b, pp. 363-84.

_____. "Qualquer e o conceito de livre-escolha". *D.E.L.T.A.* São Paulo, v. 21, n. 2, 2005, pp. 251-77.

_____. "A expressão da livre escolha no português brasileiro. O caso de 'qualquer'". *Revista Sentidos*. Cacoal, v. 1, 2008, pp. 21-53.

_____. "Refletindo sobre a livre escolha". *Cadernos de Estudos Linguísticos*. Campinas, v. 52(2), 2010, pp. 197-212.

_____. Semântica. In: MUSSALIM, F.; BENTES, A. C. (Orgs.). *Introdução a linguística*. 8. ed. São Paulo: Cortez, 2012, v. 2, pp. 23-54.

_____. "Weak (In)definites and Referentiality". *Revista da Abralin*, v. 12, 2013, pp. 11-38.

_____. "Apresentação: a modalidade na semântica formal das línguas naturais". *ReVEL*. Edição especial n. 8, 2014a. Disponível em: <www.revel.inf.br>. Acesso em: 12 abr. 2018.

_____. *Dobras e redobras do singular nu*: costurando a semântica através das línguas. Porto Alegre: EDIPUCRS, 2014b, v. 1.

Pires de Oliveira, R. et al. *Semântica*. Florianópolis: Universidade Federal de Santa Catarina/llv/cce/ ufsc, 2012. Disponível em: <http://petletras.paginas.ufsc.br/files/2016/10/Livro-Texto_Semantica_UFSC.pdf>. Acesso em: 12 abr. 2018.

_____; Basso, R. M. "A semântica, a pragmática e seus mistérios". *Revista Virtual de Estudos da Linguagem*. v. 5, 2007, pp. 1-30.

_____; _____. "Sobre a semântica e a pragmática do perfectivo". *Revista Letras*. Curitiba, v. 81, 2010, pp. 123-40.

_____; _____; Souza, Luisandro Mendes de. "'O João fuma mais do que o Pedro': um exercício de análise semântica". *Revista do gel*. Araraquara, v. 4, 2007, pp. 105-28.

Pires de Oliveira, R.; Ngoy, F. M. "Notas sobre a semântica do sufixo vel: a expressão da modalidade no pb". *Revista Letras*. Curitiba, v. 73, 2007, pp. 185-202.

_____; Rothstein, S. "Bare Singular Noun Phrases Are Mass in Brazilian Portuguese". *Lingua*. 121 (15), 2011a, pp. 2.153-75.

_____. "Two Sorts of Bare Nouns in Brazilian Portuguese". *Revista da Abralin*, v. especial, 2011b, pp. 231-66.

_____. Bare Singular Objects in Brazilian Portuguese: Perfectivity, Telicity and Kinds. In: Kabatek. Johannes; Wall, Albert (Eds.). *New Perspectives on Bare Noun Phrases in Romance and Beyond*. Amsterdam: John Benjamins, 2013, pp. 189-222.

Quadros Gomes, A. P. "A chave da distributividade de todo está na análise de dps como as measure phrases de Krifka". *Revista Letras*. Curitiba, v. 69, 2006, pp. 117-32.

_____. "As descrições definidas como sintagmas de mediação extensiva". *Estudos Linguísticos*. São Paulo, v. 36 (1), jan.-abr. 2007, pp. 197-205.

_____. "Uma proposta de distinção semântica para os intensificadores 'muito' e 'bem'". *Estudos Linguísticos*. São Paulo, 40 (1), jan.-abr. 2011, pp. 379-94.

_____. A gramática dos adjetivos de grau no português culto. In: Santiago-Almeida, M. M.; Lima-Hernandes, Maria Célia (Orgs.). *História do português paulista*: modelos e análises. Campinas, Unicamp/Publicações iel, 2012, v. 3, pp. 141-69.

_____; Sanchez-Mendes, L. "Degree Modification in Brazilian Portuguese and in Karitiana". *Revista Virtual de Estudos da Linguagem*. v. 13, 2015, pp. 5-32.

Raposo, E. B. P. Nomes contáveis e não-contáveis. In: Raposo, E. B. P. et al. (Eds.). *Gramática do português*. Lisboa: Fundação Calouste Gulbenkian, 2013.

_____. et al. (Eds.). *Gramática do português*. Lisboa: Fundação Calouste Gulbenkian, 2013.

Reichenbach, Hans. The Tenses of Verbs. In: Meister, Jan Christoph, Schernus, Wilhelm. *Time. From Concept to Narrative Construct*: a Reader. Berlin/New York: De Gruyter, 2011, pp. 1-12 [1. ed. 1947].

Rothstein, Susan. *Predicates and their Subjects*. Dordrecht: Springer Science & Business Media, 2004.

_____. Another Look at Accomplishments and Incrementality. In: Demonte, V.; McNally, L., Telicity. *Change, State*: a Cross-categorical View of Event Structure. Oxford: Oxford University Press, 2012, pp. 60-102.

_____. *Semantics for Counting and Measuring*. Cambridge: Cambridge University Press, 2017.

Rotstein, Carmen; Winter, Yoad. "Total Adjectives *vs*. Partial Adjectives: Scale Structure and Higher-Order Modifiers". *Natural Language Semantics*. 12, 2004, pp. 259-88.

Russell, Bertrand. "On Denoting". *Mind*, v. 14, n. 56, oct. 1905, pp. 479-93. Disponível em: <https://www.uvm.edu/~lderosse/courses/lang/Russell(1905).pdf>. Acesso em: 12 abr. 2018.

Sapir, Edward. Grading. "A Study in Semantics". *Philosophy of Science*, n. 11, 1944, pp. 93-116.

Schmitt, Cristina; Munn, Alan. "Against the Nominal Mapping Parameter: Bare Nouns in Brazilian Portuguese". *Proceedings nels*. 29, 1999, pp. 339-54.

SEARA, Izabel Christine; NUNES, Vanessa Gonzaga; LAZZAROTTO-VOLCÃO, Cristiane. *Para conhecer fonética e fonologia do português brasileiro*. São Paulo: Contexto, 2014.

SIEGEL, Muffy. Capturing the Russian Adjective. In: PARTEE, Barbara (Ed.). *Montague Grammar*. New York: Academic Press, 1976, pp. 293-309.

SMITH, Robin, Aristotle's Logic. In: ZALTA, Edward N. (Ed.). *The Stanford Encyclopedia of Philosophy* (Spring 2018 Edition), no prelo. Disponível em: <https://plato.stanford.edu/archives/spr2018/entries/aristotle-logic/>. Acesso em: 12 abr. 2018.

SOARES, E. C.; MENUZZI, S. M. "Introduzindo e problematizando papéis temáticos e hierarquias temáticas". *Signo*. Santa Cruz do Sul, v. 35, 2010, pp. 13-43.

SOUZA, Luisandro Mendes de. "Sobre a semântica de 'pouco' e 'um pouco'". *Línguas & Letras*. Cascavel, v. 17, 2016, pp. 273-90.

_____; GRITTI, Letícia Lemos; PIRES DE OLIVEIRA, Roberta. "Um estudo sobre os itens de polaridade negativa no PB e seu licenciamento". *Working Papers em Linguística*. Florianópolis, v. 9, n. 2, abr. 2009, pp. 23-40.

TARSKI, Alfred. "The Semantic Conception of Truth: And the Foundations of Semantics". *Philosophy and Phenomenological Research*, v. 4, n. 3, 1944, pp. 341-76.

VENDLER, Zeno. "Verbs and Times". *The Philosophical Review*, v. 66, n. 2, 1957, pp. 143-60.

VERNE, Júlio. *A volta ao mundo em 80 dias*, 1874. Disponível em: <http://www.dominiopublico.gov.br/download/texto/ph000439.pdf>. Acesso em: 12 abr. 2018.

VICENTE, H. S. G.; QUADROS GOMES, Ana. "Um tratamento unificado de grau para o quantificador flutuante e o intensificador 'todo'". *Linguística*. Rio de Janeiro, v. 9, 2013, pp. 112-32.

VON FINTEL, K. Modality and Language. In: BORCHERT, Donald M. (Ed.). *Encyclopedia of Philosophy*. 2. ed. Detroit: MacMillan Reference USA, 2005. Disponível em: <http://web.mit.edu/fintel/fintel-2006-modality.pdf>. Acesso em: 12 abr. 2018.

_____; HEIM, Irene. *Intensional Semantics*. Cambridge, 2011. Dissertação (Mestrado) – Massachusetts Institute of Technology. Disponível em: <http://www.kaivonfintel.org>. Acesso em: 12 abr. 2018.

WACHOWICZ, T. C.; FRUTOS, L. "Uma abordagem semântica dos verbos simétricos do PB". *Diacrítica*. Braga, v. 24, 2009, pp. 449-70.

_____; BASSO, R. M.; FOLTRAN, Maria José. "Entrando nos domínios do verbo". *Revista Letras*. Curitiba, v. 81, 2010, pp. 11-32.

WHEELER, S. "Attributives and their Modifiers". *Noûs*. 6, nov. 1972, pp. 310-34.

As imagens de uso livre foram selecionadas, montadas e adaptadas pelo designer Caio Bars, da Cajueiro Design, a quem agradecemos. Contato: designcajueiro@gmail.com.

AS AUTORAS

Ana Quadros Gomes é graduada, mestre e doutora em Linguística pela Universidade de São Paulo (USP), este último com bolsa-sanduíche na University of Massachusetts. É professora da Faculdade de Letras da Universidade Federal do Rio de Janeiro (FL/UFRJ) e membro do corpo docente da pós-graduação em Letras Vernáculas (Pós-vernáculas UFRJ) e do mestrado profissional em Linguística e Línguas Indígenas – PROFLLIND – (Museu Nacional/UFRJ). É pesquisadora em Linguística, especialmente em Semântica Formal, interessada, sobretudo, por Língua Portuguesa e por Línguas Indígenas do Brasil.

Luciana Sanchez-Mendes é graduada, mestre e doutora em Linguística pela USP, este último com cotutela com a Université Paris 8. É professora da Faculdade de Letras da Universidade Federal Fluminense (UFF), membro do corpo docente do programa de pós-graduação em Estudos da Linguagem da UFF e professora colaboradora externa do mestrado profissional em Linguística e Línguas Indígenas – PROFLLIND – (Museu Nacional/UFRJ). É pesquisadora em Linguística, especialmente em Semântica Formal, interessada, sobretudo, por línguas sub-representadas.

CADASTRE-SE

EM NOSSO SITE,
FIQUE POR DENTRO DAS NOVIDADES
E APROVEITE OS MELHORES DESCONTOS

LIVROS NAS ÁREAS DE:

História | Língua Portuguesa | Educação
Geografia | Comunicação | Relações Internacionais
Ciências Sociais | Formação de professor
Interesse geral | Romance histórico

ou
editoracontexto.com.br/newscontexto

Siga a Contexto
nas Redes Sociais:
@editoracontexto

GRÁFICA PAYM
Tel. [11] 4392-3344
paym@graficapaym.com.br